세상 사람들의 정의 이야기

세상 사람들의 정의 이야기

김재영 지음

이담 Books

죽는 날까지 하늘을 우러러
한 점 부끄럼이 없기를
잎새에 이는 바람에도
나는 괴로워했다

어떠한 타협이나 불의도 용납하지 않고(죽는 날까지) 시대와 지역을 초월한 결단으로(하늘을 우러러) 올바른 삶(한 점 부끄럼이 없는)을 살아가리라.

아무리 사소한 유혹이나 부정이라 해도(잎새에 이는 바람에도) 마음이 흔들리지 않고(괴로워하지 않고) 당당하겠다는 윤동주(1917~1945) 선생의 시(詩) 한 구절이다.

파란 녹이 낀 구리 거울 속에
내 얼굴이 남아 있는 것은
어느 왕조의 유물이기에
이다지도 욕될까
밤이면 밤마다 나의 거울을
손바닥으로 발바닥으로 닦아보자
별을 노래하는 마음으로

모든 죽어가는 것을 사랑해야지
그리고 나한테 주어진 길을
걸어가야겠다

윤동주 시인은 체제 유지의 규범을 잃은 왕조사회(녹이 낀 구리 거울)의 전통을 벗어나지 못했던 자신의 모습이 부끄러워 항상 근신한다(나의 거울을 닦아보자).
어둡고 질곡에 허덕이는 겨레에게 희망을 주는 자세로(별을 노래하는 마음으로) 최선을 다하며 살아가리라고 다짐한다.

올바른 세상에 태어나서 일생을 올바르게 살다가 가는 것은 우리의 꿈이다. 사람들은 대개 자신의 행동이 옳다고 생각하며 가족이나 이웃들로부터 올바른 사람이란 평판을 듣고 싶어 한다. 개인뿐 아니라 사회 내의 여러 집단이나 정당, 정부, 국가들도 마찬가지로 항상 정의에 대한 명분을 내세운다.
이를 위하여 공자는 의미 있는 말을 남겼다. 즉,『논어』「안연편」에 계강자(季康子, 노나라 대부)가 정치에 대하여 물어보자 공자가 대답하기를, "정(政)은 정(正)이다. 공이 (아랫사람들을) 바르게 이끌어간다면 어찌 부정(不正)한 자가 있겠는가"라고 하며 먼저 지도자가 수범을 보여야 한다고 하였다. 불교 교리를 보면 사성체(四聖諦: 苦, 集, 滅, 道) 중 도체(道諦)의 실천덕목으로 팔정도(八正道: 正見, 正思惟, 正語, 正業, 正命, 正精進, 正念, 正定)가 있어 바른 생각과 행동을 강조하고 있다.

기독교 신자들은 예수님은 절대자인 하느님의 아들이며 예수님의 (성서)말씀은 진리요, 정의라는 신앙을 가지고 살고 있다.

그동안 우리 경제는 고도의 성장을 거듭하여 국민생활이 유족해지고 이른바 '한강의 기적'을 구가하여 왔다. 하지만 대기업 중심의 '신자유주의 질서'와 방대한 저임금 노동력을 가진 중국경제의 등장으로 우리 경제구조에 빨간 불이 켜졌다.

중소기업과 농업, 자영업의 취약성, 고용시장의 불안과 이에 따른 실업자, 신빈곤층, 비정규직 인구의 증대, 중산층의 감소 등 위기의 증후들이 사회공존의 틀을 위협하고 있다. 이제 사람들은 소수계층의 높은 수익이나 효율성보다는 다 함께 더불어 살 수 있는 분배체제의 변화와 복지 등 사회적 정의에 대하여 더 많은 관심을 보이고 있다.

현대사상에서 정의란 대개 서양의 전통에서 유래한 개념으로 오늘날 지구상 모든 인구의 주요 관심사가 되고 있다. 그동안 이에 관련된 학자들의 주장을 살펴보면 응보율과 보복, 국가와 법률, 인간의 이성과 자연법, 신의 사랑과 평등, 자연권 사상, 공리주의와 개인적 권리의무론, 프롤레타리아 계급주의, 자유주의와 신자유주의, 복지와 도덕적 정의론 등으로 요약할 수 있다.

한편 정의를 밝히는 것도 중요하지만 국민의 신뢰를 상실한 사회에서 자유와 복지는 결코 국민들에게 행복을 줄 수 없다는 우려가 있다. 무엇보다도 우리가 그동안 잊고 살았던 도덕정치의 실천으로 공동체를 건설하고 현재의 불안과 위기를 극복하는 지혜가 필요하다. 진정 우리의 공동체가 정의롭게 운용되고 모두가 서로 믿고 올바르게 살아가려면 무엇보다도 구성원 상호 간의 공동체 의식이 필요하다고 생각한다.

그동안 수천 년의 세월이 흐르고 세상이 수백 번 바뀌었어도 지구촌 사회에는 아직도 고대의 응보와 테러, 힘의 대결과 투쟁의 와중에서 고통에 허덕이는 인구가 너무나 많다. 정의에 대한 올바른 이해를 위해서는 이에 관련된 역사적 내력을 대개 알고 넘어가야 된다고 믿는다.

특히 한국사회에서 '정의이야기'를 위하여, 필자는 우리 문화의 상황조건을 분석하고 그에 따른 정의실현의 조건으로 '더불어 사는 지혜'를 주장한다.

이 책은 독자들이 쉽게 이해하고 흥미 있게 읽을 수 있도록 우리들 주변 이야기를 될수록 많이 소개하여 구성하였다.

끝으로 이 책을 출판해주신 한국학술정보(주) 채종준 대표이사님께 감사드리고 아울러 이 책의 출판을 위해 성의를 다해주신 이혜지 선생님, 김은정 선생님의 노고에 깊이 감사드린다.

2012년 5월

전주시 견훤로 우거에서 김재영

제3장

중세시대의 정의_77

제4장

한국인의 자연관_117

근대 초기 학자들의 정의_133

사회계약이론_153

제7장

정주자(程朱子)의 성리학_171

제10장
현대의 정의론_239

제1장

고대사회의 정의관

고대사회의 정의관에 관하여 주로 응보율, 보복의 법전에 규정된 정의, 구약성서 등에 관한 이야기가 대부분을 차지한다. 다음에서 그 내용을 역사적 사례를 들어 살펴보겠다.

응보율(應報律)

역사에 관한 기록이 없었던 미개사회에서도 질서를 유지하려는 기본원칙이 있었다. 그것은 당시 사람들의 의식을 지배하고 있던 응보율이다.

응보율이란 '선행(善行)은 선(善)으로 갚고 악행(惡行)은 악으로 갚는다'라는 원칙으로 이는 집단행동의 경우도 마찬가지로 적용되었다. 아직 자연에 대한 지식이 부족하였던 미개인들은 정령신앙(精靈信仰) 혹은 애니미즘(Animism)을 믿고 있었다. 애니미즘이란 자연계의 모든 사물이 영적 생명, 즉 인격을 가지고 있다는 사상이다.

켈젠(Hans Kelsen, 1881~1973)은 1952년 캘리포니아 대학의 고별논문에서, '정의란 무엇인가'라는 글을 발표하였는데[1] 그 내용 중 응보율이란 말을 썼다. 그 구절을 간단히 소개하면 다음과 같다. 즉 "미개인의 사상에서 벌(罰)로 화(禍)를 초래하고 상(賞)으로 행운을 초래하

---

1) 한스 켈젠, 박길준 역, "정의란 무엇인가"(서울, 전망사, 1984).

는 것은 만물에 내재하는 정령(精靈)이다. 정령이란 강력한 초인간적 존재가 응보율에 따라서 작용하는 것을 말한다. 정령 혹은 애니미즘의 본질은 자연을 인격적으로 보고 사회 규범적으로 해석하는 것이며 오늘날 우리가 알고 있는 자연과학의 인과율이 아니라 귀보율(Imputation, 귀책 혹은 책임을 전가시킴)이라고 본다"[2]라고 하였다.

불교적 용어로 인과응보(因果應報)란 말이 있다. 이는 한마디로 '죗값을 받는다'는 뜻으로 '착한 행동을 했느냐, 혹은 악한 행동을 했느냐에 따라 후에 상이나 벌을 받게 되는 것'을 의미한다. 불교에서는 '전생에 지은 선과 악에 대하여 현재(現在)의 행복과 불행이 있다'는 뜻으로 이런 행동을 업(業)이라고 한다.

켈젠은 위의 '인과응보' 개념에서 '인과'와 '응보'를 구별하여 정의를 논의하였다. 그는 '과학적 사유(思惟)의 원칙으로서 인과법칙은 어느 정도 지성이 발달한 이후에 생겨난 개념이며 여러 미개민족의 생각에는 인과율의 관념이 전혀 없다'[3]라고 하였다. 하지만 정령을 신앙하였던 흔적은 문명이 발달한 현재에도 여러 관습이나 설화, 종교 등의 형태로 남아 있다.

---

2) 위의 책, pp.234~235.
3) 위의 책, p.206.

이오니아학파

그리스 철학의 창시자(Ionia학파의 비조)로 알려진 탈레스(Thales of Miletus, BC. 640~546), 아낙시만드로스(Anaximandros, BC. 610~547), 아낙시메네스(Anaximenes, BC. 525년경 사망)는 우주의 원리를 설명하는 기본원리로 '아르케'라는 개념을 사용하였다.

탈레스는 '아르케'를 '물'이라 하여 현실의 과학적 파악을 처음 시도한 학자로 평가되고 있다. '아르케'는 '통제 혹은 지배'라는 뜻이 있으며 이들이 생각한 '아르케'는 군주적 지배를 정당화하는 데 도움이 되었다. 아낙시만드로스는 '아르케'를 '아페이론(To apeiron)', 즉 '무한한 것, 만물을 포용하고 이끌어가는 것'이라 하였고 아낙시메네스는 '아르케'를 '공기'라고 하였다. 그는 이 공기(空氣)가 이성과 의사(意思)를 가지고 있으며 '우주를 지배하는 것' 혹은 '세계의 혼'이란 뜻이라고 말했다.

탈레스는 "'혼'이란 운동의 원인이다. 원인은 자석이 쇠를 끌어당기듯 죄(罪)가 벌(罰)을 가져오는 결과를 초래한다"고 하였다. 이들 학자의 내용을 보면 미개인들이 주장한 응보율과 맥락을 같이한다.[4]

현상계의 생성과 동(動)의 원리를 주장한 헤라클레이토스(Herakleitos)는 '만물은 유전(流轉)한다'는 유명한 말을 남겼다. 그는 '싸움은 만물의 아버지요, 정의(正義)다. 만물은 싸움에 의하여 생성, 소멸되며, 그것은 바로 신(神)의 뜻이다'라고 하였다. 그가 말하는 '신의 뜻', '필연이나 운명'은 '헤이마르메네(To get a share)'라는 말로 표현되는데, 원

---

4) 위의 책, pp.208~209.

래는 '정당한 몫을 차지한다'는 뜻이다. 헤라클레이토스는 '운명이란 응보의 신의 가차 없는 의사에 의하여 각 사람에게 할당된 상 또는 벌이다'라고 보았다. 이에 대하여 켈젠은 '헤라클레이토스가 주장하는 보편적 이성인 로고스는 피할 수 없는 복수의 여신인 디케(희랍신화에 나오는 정의의 여신) 바로 그것이다. 절대적 구속력을 가진 신의 뜻을 실체로 행하는 원리는 응보율이며 최초의 자연과학은 이런 신화 혹은 응보율로부터 자연법칙을 발전시킨 것이다'[5]라고 하였다.

근대적 인과율(因果律)의 개념을 원리적으로 확립한 것은 레우키포스(Leukippos)와 데모크리토스(Democritus)의 원자론이다. 그들이야말로 자연관에서 일체의 신학적 요소를 제거한 순수한 자연과학의 창시자이다. 그들은 목적과 원인을 겸한 관념을 거부하고 인과율과 응보율을 거의 완전하게 분리시켰다. 원자론자들은 인과법칙이란 규범이나 신의의 표현이 아니라 비인격적, 객관적 필연성의 발현이라고 보았다. 데모크리토스는 우주를 그 어떤 인격적 존재가 구성한 것이라고 보지 않았다.[6]

탈리오 법칙

고대의 문헌들을 보면 가혹한 보복만이 정의라고 보았으며 지금도 피의 보복은 지구촌 도처에서 자행되고 있다. 이에 관하여 장 폴 사르트르(Lean Paul Sartre, 1905～1980)가 쓴 희곡 「파리떼」(1943년 공연)

---

5) 위의 책, p.214.
6) 위의 책, pp.216～217.

에 복수의 여신 에리뉴에스가 이끄는 파리떼에 관한 이야기가 유명하다. 이 극에서는 죽은 아가멤논 왕의 아들 오레스테스가 제우스신을 모신 아르고스광장에서 반역자 아이기스토스를 복수하는 장면이 나온다. 오레스테스는 결국 복수가 되풀이될 수 있는 왕좌를 버리고 새로운 삶을 시작할 것이라고 말한다.

고대 희랍 사람들뿐 아니라 현대의 많은 사람들도 자신이 당한 피해보다 훨씬 더 큰 정도로 보복을 해야 한다는 생각을 갖고 있는 것은 자연적인 감정일 것이다.

우리나라 속담에도 '가는 방망이 오는 홍두깨', '남의 눈에 눈물 내면 내 눈에 피가 난다'는 말이 있다. 하지만 복수는 다시 반대편의 복수를 불러오고 피의 복수전이 계속되면 모두가 파멸할 가능성이 있다. 이러한 사태를 미리 예방하기 위하여 등장한 조치가 탈리오 법칙(Lex taliones: 同害報復)이다. 탈리오 법칙이란 기원전 2000년경 바빌로니아 함무라비 왕이 만든 함무라비법전의 형법에 규정된 원칙이다. 이 내용은 가해(加害)와 보복(報復)의 균형을 유지하여 한편으로는 응보적 정의감을 만족시키고 다른 한편으로 개인적 원한에 의한 싸움을 종결시키고자 했던 뜻이 담겨져 있다. 이는 무제한의 복수가 횡행하였던 원시상태를 벗어나 사회질서를 유지하려 했던 고대국가의 법체계다.

함무라비법전(BC. 1750년경)은 전문 282조로 되어 있고, 그 안에 민법, 상법, 형법, 세법, 소송법, 노예법이 포함되어 있다. 이 법전이 규정한 내용은 다음과 같다.

① 자유민의[7] 눈을 뽑은 자는 그 눈을 뽑는다.

② 자유민의 **뼈**를 부러뜨린 자는 그 **뼈**를 부러뜨린다.

③ 임신한 여자를 때려서 태아를 죽이면 가해자의 딸을 사형에 처한다.

④ 의사가 수술을 하다가 환자를 죽이면 의사의 팔을 자른다.

⑤ 집이 무너져 집주인 아들이 죽으면 그 집을 지은 건축가의 아들을 사형에 처한다.[8]

지금도 이슬람 국가 중 탈리오 법칙을 적용한 법들이 있다. 최근 (2011년 7월 31일) 이란의 종교법정에서 내린 다음과 같은 판결이 있다. 지난 2004년 무와허디라는 청년이 같이 공부하던 아이메이나허 빠허라미(당시 24세, 여)의 얼굴에 황산을 덮어씌워 두 눈이 멀고 입술, 코, 한쪽 귀가 없어졌다. 이에 이란법정은 그 범인에게 두 눈을 주어 보상하라는 판결을 내렸다.[9] 그녀는 19차례의 수술을 거친 뒤 겨우 살아났지만 그녀에게 남은 것은 절망뿐이었다. 캠퍼스 퀸으로 대학 내 모든 구성원들의 선망을 모았던 화려한 모습과 젊음의 아름다운 꿈이 하루아침 사이에 사라진 것이다. 하지만 그녀는 범인을 용서한다고 말하였다. "그를 용서하는 것은 나의 권리입니다"라고 했던 그녀의 마음은 캠퍼스의 여왕처럼 아직도 아름다웠다.

---

7) 함무라비법전의 처벌조항에는 계급에 따라 처벌의 정도가 차이가 있다. David Johnston, *A Brief History of Justice*, 정명진 역, 『정의의 역사』(서울, 부글북스, 2011), p.31.

8) 위의 책, p.31[101009], 주경철의 히스토리아(79), 탈리오 법칙.

9) 징화스파오(京華時報), 머니투데이 베이징 홍찬선 특파원.

고조선의 8조 법금(法禁)

우리나라는 고조선 시대에 금법(禁法) 8개 조목이 있어 각종 범죄를 처벌하였다. 그중 오늘날까지 알 수 있는 것은 3개 조로 그 내용은 '① 사람을 죽인 자는 사형에 처한다. ② 남에게 상해를 입힌 자는 곡물로 배상한다. ③ 남의 물건을 훔친 자는 데려다가 노비로 삼는다. 다만 이를 속죄하고자 하면 1인당 50만 전을 내야 한다' 등이다. 후에 한사군(漢四郡) 설치로 중국인들이 들어오면서 풍속이 나빠지고 도둑 등 범죄가 성하여 법금은 60여 조로 늘어났다.[10]

부여의 형법에도 비슷한 법조문들이 있다.

① 살인자는 사형에 처하고 그 가족은 노비로 삼는다.

② 절도를 한 자는 12배의 배상을 해야 한다.

③ 간음(姦淫)한 자는 사형에 처한다.

④ 투기(妬忌)한 자는 사형에 처하되 그 시체를 산에 버린다. 그 여자의 집에서 시체를 가져가려면 우마(牛馬)를 바쳐야 한다.

위의 형법들을 보면 살인, 절도, 간음, 투기 등을 엄격하게 처벌하고 있는데 간음과 투기의 처벌규정은 고조선의 8조 법금에도 있는 내용이다.

---

10) 고조선의 8조 법금(八條法禁)은 중국의 『삼국지』「위서 東夷傳」이나 『후한서』「東夷傳」 등에 나온다. 이홍직, 『국사대사전』(서울, 삼영출판사, 1977), p.573.

『구약성서』의 정의(야훼는 정의의 하느님이시다)

하느님은 절대자이며 전능한 존재이므로 하느님의 정의는 영원불변의 정의가 된다. 하느님의 초월적 성격과 그의 절대적 정의는 이성(理性)의 통제를 받고 논리법칙에 따라야 하는 감각적 경험을 기반으로 하는 인간인식의 한계 밖에 존재한다.[11]

야훼의 정의에 관한 구절은 구약성서 여러 곳에 나타난다.

"야훼는 정의(공평무사한)의 하느님이시다(이사야 30:18),"

"당신의 정의(공평하심)는 우람한 산줄기 같고, 깊은 바다와도 같습니다(시편 36:6),"

"정의와 공정이 당신 옥좌의 기틀입니다(시편 89:14),"

"야훼께서는 옳고 바르게 사는 것을 제물보다 반기신다(잠언 21:3),"

"정의를 강물처럼 흐르게 하리라(아모스 5:24),"

"하늘아, 높은 곳에서 정의를 이슬처럼 내려라(이사야 45:8)," 등 구절을 볼 수 있다. 분명 하느님은 정의의 화신(化身)이며 하느님을 찾는 것은 곧 정의를 찾는 길이다.[12]

한스 켈젠은 "하느님이 존재하기 때문에 절대적 정의도 존재한다. 인간은 하느님의 본질을 이해할 수 없다 해도 그의 존재하심을 믿어야 하며, 절대적 정의가 무엇을 뜻하는지 알 수 없어도 절대적 정의가 존재하는 것을 믿어야 한다. 정의는 신앙의 신비와 같은 것이다"[13]라고 하였다.

---

11) 한스 켈젠, 박길준 역, 앞의 책, pp.42~43.

12) 위의 책, p.55.

13) 위의 책, p.43.

히브리인들은 자연을 인격적, 사회적인 존재로 보았다

　모든 원시민족들과 같이 고대 히브리인들도 자연을 사회의 일부로 보았다. 그들은 자연현상을 사회생활의 관점에서 특히 응보율에 의하여 설명하였다. 원시인들은 두려운 일이나 바라는 일이 일어나면 초인간적인 권위에 의하여 일어나는 벌(罰)이나 상(賞)을 받은 것으로 해석하였다. 자연에 관한 이러한 인격적이고 사회적인 해석은 애니미즘을 기반으로 하여 성립하거나 진정한 유일신 사상의 결과일 수도 있다.[14]

　『구약성서』에 의하면 자연은 전능하신 하느님의 피조물이며, 지극히 의롭고 거룩하신 하느님 뜻의 현시(顯示)이다.

　『구약성서』에 나오는 몇 구절을 소개한다.

　사례 1. 하느님은 천지만물(자연)을 당신의 의지대로 창조하셨다.

　"처음에 하느님께서 하늘과 땅을 창조하셨다. 이렇게 하여 하늘과 땅과 그 가운데 있는 모든 것이 다 이루어졌다(창세기 1:1~31, 2:1)."

　사례 2. 여자의 산고(産苦)나 남자의 노동 등 고통이 신이 내린 벌칙(罰則) 탓이다.

　"내가 따먹지 말라고 일러둔 나무(선악과) 열매를 네가 따먹었구나(창세기 3:11)." 그리고 여자(이브)에게 말하기를 "너는 아기를 낳을 때 몹시 고생하리라. 고생하지 않고는 아기를 낳지 못하리라. 남편을

마음대로 주무르고 싶겠지만, 도리어 남편의 손아귀에 들리라(창세기 3:16)."

그리고 아담에게 말하기를 "너는 아내의 말에 넘어가 먹지 말라고 내가 일찍이 일러둔 나무 열매를 따먹었으니, 땅 또한 너 때문에 저주를 받으리라. 너는 죽도록 고생해야 먹고 살리라. 들에서 나는 곡식을 먹어야 할 터인데, 땅은 가시덤불과 엉겅퀴를 내리라. 이마에 땀을 흘려야 낟알을 먹으리라(창세기 3:17~19)."

사례 3. 인간의 죄로 노아의 홍수를 내렸다.

"하느님께서는 노아에게 이렇게 말씀하셨다. 세상은 이제 막판에 이르렀다. 땅 위는 그야말로 무법천지가 되었다. 나는 저것들을 모두 쓸어버리겠다. 너는 전나무로 배 한 척을 만들어라(창세기 6:13~14)."

"내가 이제 땅 위에 폭우를 쏟으리라. 홍수를 내려 하늘 아래 숨 쉬는 동물은 다 쓸어버리리라. 땅 위에 사는 것은 하나도 살아남지 못할 것이다(창세기 6:17)."

"야훼께서는 세상이 사람의 죄악으로 가득 차고 사람마다 못된 생각만 하는 것을 보시고 왜 내가 사람을 만들었는지 싶어 마음이 아프셨다. '내가 지어낸 사람이지만, 땅 위에서 쓸어버리리라. 공연히 사람을 만들었구나, 사람뿐 아니라 짐승과 땅 위를 기는 것과 공중의 새까지 모조리 없애버리리라. 공연히 만들었구나' 하고 탄식하셨다(창세기 6:5~8)."

"땅 위에 40일 동안이나 폭우가 쏟아졌다. 물은 점점 불어나 산들이 모두 잠기고 15자나 더 불었다. 야훼께서는 사람을 비롯하여 모든 짐승, 길짐승, 새, 땅 위에 살던 모든 생물을 쓸어버렸다(창세기 7:17~23)."

후에 "야훼께서 속으로 다짐하기를 다시는 전처럼 모든 짐승을 없애버리지 않으리라 하셨다(창세기 9:11)" 등 구절이 있다. 노아의 홍수는 요즘처럼 기압골이나 태풍의 영향이 아니라 야훼의 의지로 일어난 것이다. 그 후에도 야훼 하느님의 징벌과 복수는 노아의 홍수에 그치지 않고 계속하여 성서에 등장하고 있다.

『구약성서』의 응보율

하느님의 '피의 복수'에 관한 구절을 보면 너무 가혹하다. 몇 가지 예를 들어보면 다음과 같다.

사례 1. 노아의 홍수에 관하여는 앞에서 언급하였다.

사례 2. 바벨탑 이야기

"당시 온 세상이 한 가지 말을 쓰고 있었다. 사람들이 의논하기를 '어서 도시를 세우고 그 가운데 꼭대기가 하늘에 닿게 탑을 쌓아 우리 이름을 날려 사방으로 흩어지지 않도록 하자.' 야훼께서 땅에 내려오셔서 사람들이 이렇게 세운 도시와 탑을 보시고 생각하셨다. '사람들이 한 종족이라 말이 같아서 안 되겠구나. 당장 사람들이 쓰는 말을 뒤섞어 놓아 서로 알아듣지 못하게 해야겠다' 하시고, 사람들을 그곳으로부터 온 땅으로 흩어지게 하였다. 사람들은 도시를 세우던 일을 그만두었다. 야훼께서는 세상 말들을 뒤섞어 놓고 온 땅에 흩어

지게 하였다 해서 그 도시의 이름을 바벨탑이라고 하였다(창세기
11:4～9)."

사례 3. 소돔과 고모라의 이야기

"야훼께서 아브라함에게 말씀하시기를 '소돔과 고모라에서 들려오
는 저 아우성을 나는 차마 들을 수가 없다. 너무나 엄청난 죄를 짓고
있다' 하셨다(창세기 18:20)."

"동틀 무렵에 하느님의 천사들이 롯(아브라함의 조카)을 재촉하였
다. '이 성에 벌이 내릴 때 함께 죽지 않으려거든, 네 아내와 시집가지
않은 두 딸을 데리고 어서 떠나거라' 하였다(창세기 19:15)."

"롯이 소알 땅을 밟자 해가 솟았다. 야훼께서 손수 하늘에서 유황
불을 소돔과 고모라에게 퍼부으셨다. 거기에 있는 도시들과 사람과
땅에 돋아난 푸성귀까지 모조리 태워버렸다. 다만 롯의 아내는 뒤를
돌아보다가 그만 소금기둥이 되어버렸다(창세기 19:23～26)."

사례 4. 야훼를 바로 섬기지 못한 사람에게 내리는 화

"너희는 우상들을 만들어 모시지 말라, 신상이나 석상을 세우지 말
라, 너희 하느님은 나 야훼이다. 나의 안식일을 지키고 나의 성소를
어려워하라. 너희가 만일 내가 정해준 규정을 따르고 계명들을 지킨
다면 …… 나는 너희 가운데 살며 너희 하느님이 되고 너희는 나의
백성이 되리라(레위기 26:1～13)."

그러나 "너희(이스라엘 백성을 말함)가 만일 내 말을 듣지 않고 나
의 모든 계명을 실천하지 않으면, 또 내가 정해준 규정을 배척하고
내가 세워준 법을 저버리며 계약을 깨뜨리면 나도 너희에게 그렇게

하리라. 나는 너희에게 몹쓸 재앙을 내려 폐병과 열병으로 마침내 두 눈은 꺼지고 맥은 빠지게 하리라(레위기 26:14~20)."

"너희가 내 말을 들을 생각을 하지 않고 기어이 반항한다면 나는 너희 죄에 마땅한 재앙을 거듭거듭 일곱 배로 내리리라. 나는 너희에게 야수를 보내어 너희 자식을 잡아먹고 너희 가축의 씨를 말리게 하리라. 인구가 줄어 길에 인기척도 없게 하리라(레위기 26:21~38)."

"너희는 너희 원수와 도저히 맞설 수 없으리라. 너희는 이민족들 틈에서 망하리라. 원수들의 땅이 너희를 삼키리라. 너희 가운데 살아남은 자들은 원수들의 땅에서 죄벌을 받아 쓰러져 가리라. 또한 조상들의 죄벌까지 받아 쓰러지리라(레위기 26:39~46)" 하였다.

탈리오 법, 평등, 사랑에 관한 구절

구약성서에도 고대 함무라비법전의 탈리오 법과 같은 내용의 구절이 있다.

사례 1.

"다른 사고(임신한 여인을 밀쳐서 낙태한 경우 외에)가 생겨서 목숨을 앗았으면 제 목숨으로 갚아야 한다. 눈은 눈으로, 이는 이로, 손은 손으로, 발은 발로, 화상은 화상으로, 멍은 멍으로 갚아야 한다(출애굽기 21:25)."

사례 2.

“목숨은 목숨으로, 눈은 눈으로, 이는 이로, 손은 손으로, 발은 발로 갚아라(신명기 19:21).”

하지만 이들 구절을 보면 함무라비법과 달리 장애인에 대한 고려, 신분의 평등이나 이웃 사랑에 관한 구절이 있어 주목된다.

사례 3.

“나는 야훼이다. 너희는 이웃을 억눌러 빼앗아 먹지 말라, 품값을 다음날 아침까지 미루지 말라, 귀머거리가 듣지 못한다고 하여 그에게 악담하거나 소경이 보지 못한다고 하여 그 앞에 걸릴 것을 두지 말라, 하느님 두려운 줄을 알라, 공정하지 못한 재판을 하지 말라, 가난한 자라고 하여 두둔하지 말고 세력 있는 사람이라고 하여 봐주지 말고 이웃을 공정하게 재판해야 한다, 형제를 미워하는 마음을 품지 말라, 이웃의 잘못을 서슴지 말고 타일러주어야 하고 그래야 그 죄에 대한 책임을 면한다, 동족에게 앙심을 품어 원수를 갚지 말라, 네 이웃을 네 몸처럼 아껴라(레위기 19:13~19).”

“원수가 넘어졌다고 하여 좋아하지 말고 그가 망하였다고 기뻐하지 말라. 야훼께서 그것을 못마땅하게 보시고 네 원수에게서 노여움을 돌이키신다. 악인을 부러워하지 말고 못된 사람을 시기하지 말라. 악한 사람은 앞날이 없고 나쁜 사람의 등불은 꺼진다(잠언 24:17~20).”

용서의 윤리를 말하는 위의 산발적인 증거들은 ‘보복의 정의’에 의하여 지배되고 있는 『구약성서』의 일반적 특징이라 볼 수 없다는 비판이 있다.[15]

노아와 아브라함

노아나 아브라함도 평범한 인간에 불과하였다.

1. 노아는 하느님을 모시고 950년을 살았다.

'노아의 홍수' 이후 그의 가족에 관한 이야기는 다음과 같다.

"노아만은 하느님의 마음에 들었다. 노아의 이야기는 이러하다. 그 당시에 노아만큼 올바르고 흠 없는 사람은 없었다. 그는 하느님을 모시고 사는 사람이었다. 노아는 셈, 함, 야벳 세 아들을 두었다(창세기 6:8~12). 그때 노아의 나이는 5백 세였다(창세기 6:32)."

"노아가 6백 세 되던 해 2월 17일 그날 땅 밑에 있는 큰 물줄기가 터지고 하늘은 구멍이 뚫렸다. 그래서 40일 동안 밤낮으로 땅 위에 폭우가 쏟아졌다(창세기 7:11~12)."

"배에서 (살아남아) 나온 사람은 노아, 셈(이스라엘인의 조상), 함(이집트인의 조상), 야벳이었다. 노아는 포도원을 가꾸는 첫 농군이 되었는데, 하루는 포도주를 마시고 취하여 벌거벗은 채로 천막 안에 누워 있었다. 마침 가나안의 조상 함(당시 나이 약 100세)이 아버지가 벗은 것을 보고 밖에 나가 형과 아우에게 그 이야기를 하였다. 셈과 야벳은 겉옷을 집어 어깨에 걸치고 뒷걸음으로 들어가 아버지의 벗은 몸을 덮어드렸다. 그들은 얼굴을 돌린 채 아버지의 벗은 몸을 보지 않았다. 노아는 술이 깨어 작은 아들이 한 일을 알고 이렇게 말하였다. 가나안은 저주를 받아 형제들에게 천대받는 종이 되어라(창세

---

15) 켈젠, 박길준 역, 앞의 책, p.64.

기 9:23). 노아는 홍수가 난 후에도 350년이나 더 살았으며 모두 950년을 살다가 죽었다(창세기 9:28~29)."

위의 구절을 오늘의 시각에서 분석해보면, 먼저 노아는 아버지의 역할을 다하였던가? 그의 행동에서 첫째, 술에 취하여 옷을 벗고 아무것도 덮지 않은 채 잠이 든 행동은 옳았을까? 둘째, 아무 영문도 모른 채 아버지 방에 들어와서 이를 보고 동생들에게 알려준 아들(함)의 행동에 분노한 일은 정당한가? 셋째, 그에 대하여 혹독한 벌(저주를 받게 하고, 천대받는 종이 되라는)을 내린 것도 정의로운 행동이었을까?

다음으로 아들 함(당시 100세)의 행동에서 첫째, 옷을 벗은 아버지(600세)의 몸을 덮어주지 못한 것이나 둘째, 아버지의 상황을 형제들에게 알린 일로 그토록 큰 벌을 받아야 하였을까 등 '과연 누구의 어떤 행동이 정의로웠을까' 하는 판단의 기준이 애매하다.

2. 아브라함은 야훼 하느님의 복을 받은 분이시다.

"야훼께서 아브라함에게 말씀하셨다. 나는 너를 큰 민족이 되게 하리라. 너에게 복을 주어 내 이름을 떨치게 하리라. 네 이름은 남에게 복을 끼치는 이름이 될 것이다. 너에게 복을 비는 사람에게는 내가 복을 내릴 것이며 너를 저주하는 사람에게는 저주를 내리리라. 세상 사람들이 네 덕을 입을 것이다(창세기 12:1~4)."

아브라함은 하갈(아내 사라의 몸종)에게서 이스마엘을 낳고 그다음 아내 사라에게서 이삭을 낳았다. 이들 형제를 낳게 된 경위는 다음과 같다.

"아브라함의 아내 사라가 아직 아이를 낳지 못했다. 아브라함은 아내 사라의 뜻을 받아 그녀의 이집트인 몸종 하갈과 한자리에 들었다. 이윽고 몸에 태기가 생겼다. 하갈은 이를 구실로 안주인(사라)을 업신여겼다. 사라가 하갈을 박대하자 하갈이 주인 곁을 피하여 도망치다가 천사를 만나 다시 돌아왔다. 야훼 하느님은 하갈의 아들(이스마엘, 오늘의 이슬람족)에게 벌을 내렸다.

"네 아들(이스마엘)은 들나귀 같은 사람이다. 닥치는 대로 치고 받아 모든 골육의 형제와 등지고 살리라(창세기 16:1~12)."

"아브라함이 99세 되던 해에 야훼께서 아브라함에게 나타나 말씀하시기를 '나는 전능한 신이다. 너는 내 앞을 떠나지 말고 흠 없이 살아라. 나는 너와 나 사이에 계약을 세워 네 후손을 많이 불어나게 하리라'(창세기 17:1~2)."

"네 아내(사라, 당시 90세)에게 복을 내려 아들을 낳게 하리라. 그의 이름을 이삭이라 하여라(창세기 17:19)" 하였다.

아브라함은 야훼 하느님의 복을 받은 분이라고 하지만, 첫째, 그분이 아들을 낳기 위하여 아내의 몸종과 정을 나눈 행위는 범인의 행동과 다를 바가 없다. 또 두 아내(사라와 하갈)의 갈등으로 그 아들 이스마엘이 죄를 받은 것도 정의롭지 않다. 둘째, 아브라함의 아내인 사라는 그의 친누이이다. 즉, "아브라함이 말하기를 사라는 정말 내 누이입니다. 같은 아버지의 피를 받은 누이입니다. 어머니가 달라서 내 아내가 된 것입니다. 집을 떠나라는 하느님의 분부를 받았을 때 나는 사라에게 나를 오라버니라고 부를 것을 당부하였습니다(창세기 20:13)"라는 구절이 있다. 그러나 「레위기」, 「신명기」 등에서는 이를 인정하지 않고 있다. 즉, "아무도 같은 핏줄을 타고난 사람을 가까이 하여 부끄러운 곳을 벗기면 안 된다. 나는 야훼이다. 네 누이의 부끄러운 곳을 벗기면 안 된다. 이복누이이든 동복누이이든, 와서 낳았든 낳아 데리고 왔던 그의 부끄러운 곳을 벗기면 안 된다(레위기 18:6~9)."

"제 아비의 딸이든, 어미의 딸이든 제 누이를 데리고 살면서 누이의 부끄러운 곳을 벗기는 자는 겨레가 보는 앞에서 없애야 한다. 이것은 파렴치한 짓이다(레위기 20:17)."

"'아비의 딸이든 어미의 딸이든 제 누이와 잠을 자는 이에게 저주'를 하면 온 백성은 '아멘' 하여라(신명기 27:22)" 하였다.

남매간 혼인은 성서뿐 아니라 그리스 신화, 이집트 신화 등에도 자주 등장한다.

신라는 성골제도(聖骨制度)라 하여 3~4촌 간의 혼인이 성행하였는데 이는 권력과 왕족의 혈통을 유지하려는 수단이었다. 그 후에도 오누이 간의 성관계에 관한 전설로 충북 충주의 '달래강'과 충남 계룡산의 '남매탑' 이야기가 있다.[16] 전자의 경우 남동생은 죽음으로 오누이와의 인연을 지켰고 후자의 경우 비구승, 비구니가 되어 평생 금욕으로 순수한 남매간 인연을 지킨 사례다. 하느님의 사랑을 받으신 아브라함의 행적을 어떻게 해석할 것인가 그것은 우리가 알 수 없는 성령의 뜻이다.

---

16) 달래강의 이야기는 어느 여름날 남매가 냇물을 건너다가 갑자기 소나기를 만났다. 누이를 업고 가던 동생이 그녀의 몸매를 접촉하면서 성적 충동을 느꼈다. 동생은 누이에 대한 성적 욕구를 죄스럽게 생각하고 자신의 생식기를 돌로 치고 그 자리에서 죽었다. 누이가 뒤늦게 이 사실을 알고 동생을 가슴에 안고 '차라리 달래나 보지' 하면서 목 놓아 울었다 한다. 사람들은 그 이후 그 냇물을 달래강이라 하였다. 남매탑의 이야기는 어느 날 절에서 수도하던 스님이 호랑이를 살려준 일이 있었다. 호랑이가 그 은혜로 막 혼례를 올린 신부를 물고 왔다. 스님은 그 여인에게 집으로 돌아갈 것을 설득하였으나 듣지 않았다. 결국 두 사람은 평생 비구승과 비구니로서 친남매처럼 살았다 한다.

인간의 이성과 이기심

그리스 문화는 중세의 기독교 사상과 함께 서양문화의 근간이 되어 왔다. 앞서 살펴본 바와 같이 탈레스(Thales) 등 이오니아학파에 의하여 시작된 자연의 기원과 구조에 관한 연구는 데모크리토스의 원자론으로 발전하였다.

기원전 5세기 중엽 그리스 민주주의 정치의 번영기를 맞아 아테네 사회는 시대의 변화에 따른 새로운 인간성과 교양이 요구되었다. 소크라테스(Socrates, BC. 470~399)와 칼리클레스(Callicles: Plato의 저서에 나오는 대표적인 Sophist)의 논쟁은 인간성과 정의에 관하여 유용한 내용을 담고 있다. 다음에서 이들 논의와 플라톤, 아리스토텔레스 이론을 차례로 살펴보겠다.

소피스트의 정의론

앞서 살펴본 바와 같이 원자론 철학의 자연해석은 응보율로부터 신적(神的) 요소를 제거하여 인과율과 응보율을 완전히 분리시켰다. 희랍의 소피스트(Sophist)들은 원자론자들과 같은 입장에서 사회철학 이론을 내놓았다.

'인간은 만물의 척도이다'란 말로 유명한 프로타고라스(Protagoras, BC. 482~411)는 "사회적으로 해로운 행위에 대하여 강제력(불법 행위자에 대한 제재)을 행사하는 국가적 대응은 '범죄예방'이라는 합리적 의도에 의하여 정당화되어야 한다. 죄를 범했기 때문에 그 사람을 벌한다는 것은 비합리적 복수에 불과하다"라고 하였다. 자연법칙뿐 아니라 국가의 법률도 응보의 신화로부터 해방을 주장한 것이다.[17]

보통 우리는 자연과학과 사회과학의 다른 점을 그 대상의 차이에서 찾는 경우가 있다. 즉, 자연과학은 자연을 대상으로 하고 사회과학은

---

17) 박길준 역, 『정의란 무엇인가』, p.217.

그 대상이 사회다. 여기서 자연이란 '인과율(원인과 결과라는 원칙)에 따라 결합된 사물의 질서와 요소의 체계'라고 정의할 수 있으며, '금속은 열을 가하면 팽창한다'는 식의 예를 자연법칙현상이라고 한다.

한편 사회란 '인간행동의 질서'를 말하며 그 대상은 대개 '인간행동 상호 간 혹은 인간과 다른 사실과의 인과율'이다. 물론 이 정의(定義)가 항상 옳은 것은 아니다.

하여튼 자연과학은 '자연의 사회적 해석으로부터의 해방, 즉 애니미즘적 응보율로부터의 해방'의 결과로 성립되었다고 볼 수 있다.[18]

소피스트(Sophists)의 이기주의

소피스트들의 주장은 '진정한 자연적 정의는 강자(强者)의 힘이다'라는 구절로 요약할 수 있다.

소피스트는 수사학(修辭學), 법, 정치 등을 직업적으로 교육시키는 집단이었다. 아테네를 중심으로 그리스 문화가 발달하면서 전통적 종교와 도덕적 제재, 정치적 권위가 해이(解弛)되고 사람들은 자신들을 지배해온 기존의 생각들에 대한 의심을 품기 시작하였다. 소피스트들은 '힘은 권리'라는 극단적인 전제에서 자연을 강자의 권리로 파악하고 강력한 힘을 가진 자가 정치적 지배자가 될 가능성이 많다고 하였다.[19] 사람은 자신이 갖고 있는 자연적 힘을 바탕으로 끊임없이 자기

---

18) 위의 책, pp.234~235.
19) 조찬래, "고대 정치철학에서 인간본성의 이해", 정치정보연구 제14권 1호(2011, 6월호), pp.178~179.

이익을 추구하는 존재다. 다시 말하여 자신의 이기적 목적을 추구하는 것은 정당하며 정의로운 행동이라 볼 수 있다. 한마디로 소피스트의 인간관에 의하면, 강력한 사람이 자신의 권력을 극대화하고 최대한의 욕망을 충족시키는 생활을 영위하는 것이 정의다.

이들 소피스트들의 상대주의적 이기적 인간관은 주로 부유한 집안 청년들에게 일신의 영달을 위한 처세술로 이용되었으며 진실성이 없는 괴변(詭辯)에 불과하다는 비판을 받았다.

소피스트의 대표적 학자인 프로타고라스(Protagoras, BC. 481~411)와 그의 제자 유아트라스(Euathlas) 간의 수업료에 관한 재판내용을 예로 들어보자.

어느 날 궤변의 대가 프로타고라스에게 유아트라스라는 청년이 찾아와서 능변술을 가르쳐달라고 요청하였다. 수업료에 관한 두 사람의 논쟁내용은 다음과 같다.

① 우선 수업료의 반액을 제자가 스승에게 지불하였다. 그리고 후일 사제 간 송사가 있을 때, 제자가 스승보다 말을 잘하여 승소하면 나머지 반액을 지불하기로 하였다.

② 그 뒤 제자가 수업료를 지불하지 않자 스승이 소송을 제기하였다.

• 스승의 주장: 만일 내가 재판에서 승소하면 당연히 수업료를 받아야 하고, 재판에서 패소하여도 과거의 계약에 의하여(제자가 스승보다 말을 잘하였으므로) 수업료를 받아야 한다.

• 제자의 주장: 만일 판결에서 이기면 당연히 수업료를 지불할 필요가 없다. 재판에서 패소하여도 과거의 계약에 의하여(제자가 스승보다 말을 잘 못하였으므로) 수업료를 지불할 수 없다.

이 이야기는 부패한 소피스트들의 궤변을 단적으로 표현한 사례로 유명하다.[20]

소크라테스의 이성(理性)

소크라테스(Socrates, BC. 470~399)는 보편적 정의, 절대적 진리의 확립을 통하여 소피스트들의 도덕적 상대주의를 극복하고자 하였다.

그리스의 <델포이 신전>에 새겨진 '너 자신을 알라'라는 소크라테스의 유명한 말은, 우선 '자신의 무지(無知)를 자각하라'는 그의 학자적 겸손으로 받아들일 수 있다. 소크라테스는 소피스트들의 주관적 상대주의 입장을 초월한 보편적 지식을 젊은이들에게 가르쳤으며, (변증법을 통한) 올바른 교육만이 지식의 객관화를 도모하는 길이라고 생각하였다.

그는 소피스트들의 이기적 특성을 비판하고, 인간행동의 능률, 기교보다는 이성에 의한 덕성으로 행복한 생활을 추구하는 보편적 규범의 확립을 주장하였다.[21]

소크라테스에 의하면, 이른바 수사법(修辭法)을 가르치는 교사는 아무리 그 기법이 훌륭하다 해도 단지 신념을 심어주는 것에 불과하며 인간의 기본적인 자질을 향상시키는 진정한 교사라고 볼 수 없다. 수사법은 부정(不正)한 자가 자신에게 벌을 주려는 자에게 겁을 주는 데

---

20) 전두하, 『현대철학의 제 유형』(서울, 진영사, 1981), p.221.
21) 조찬래, 앞의 글, p.183.

유용할 수 있지만, 행동이 올바른 사람에게는 무용지물(無用之物)이다. 소크라테스는 '악(惡)한 자가 정의로운 사람을 이길 수 없으며 남에게 피해를 끼친 자는 남으로부터 피해를 입은 자보다 훨씬 나쁘다'는 것을 확신하였다.

한편, 수사학 교사로 유명한 칼리클레스는 소크라테스를 다음과 같이 비판하였다.

"소크라테스는 관습과 자연을 혼동하고 있다. 남에게 손해를 끼치는 자가 피해를 입은 자보다 나쁘다는 (소크라테스의) 주장은 관습이지 자연적 질서는 아니다. 법이란 약자나 겁쟁이들이 만든 것에 불과하다. 자연의 질서를 보면 강한 자가 언제나 약한 자를 지배한다. 진정한 자연적 정의는 강자의 지배다. 아무리 (보편적)철학이 매력이 있어도 그것은 사람을 망가지게 할 뿐, 실생활에 도움이 되지 못한다. 철학은 순진한 젊은이들이나 하는 짓이다. 가령 약한 자가 힘 있는 자로부터 뺨을 한 대 얻어맞았다고 하자. 그럴 경우 약자의 철학이 무슨 소용이 있겠는가"22) 하고 반론을 제기하였다.

소크라테스에 의하면 '쾌락(Pleasure)이나 이익을 챙기는 것은 덕(德, Goodness)을 추구하는 것과 기본적으로 다르다. 즉, 쾌락이란 아무에게나 우연히 찾아올 수 있지만 유덕(有德)한 행동은 사람의 품성과 자질을 요구한다. 고도의 규율과 자제력이 없는 사람은 마치 깨진 장독처럼 그 속에 생활의 덕, 즉 진정한 행복을 담을 수 없다. 올바른 지식은 덕 속에 있고 덕을 실천하는 사람은 행복한 생활을 누릴 수 있다. 보편적 이성으로 행동의 법칙과 객관적 질서를 인식할 수 있는

---

22) Lee Cameron Mcdonald, *Western Political Theory*(Harcourt Brace Javonovichi, 1968), p.11.

사람은 정치공동체의 훌륭한 구성원이 될 수 있으며, 지덕을 갖춘 개인은 또한 아테네 국가의 훌륭한 구성원이 될 수 있다'고 하였다.[23]

소크라테스의 대화

'정의란 무엇인가?'의 문제에 관하여 플라톤의 『국가론』에 소크라테스의 대화내용이 있다.

이는 당시 아테네와 스파르타가 제1차 펠로폰네소스 전쟁(BC. 431)에서 평화조약(BC. 421년 3월)을 체결한 상태에서, 소크라테스(51세, 플라톤은 8세)가 대사업가인 케팔로스(Cephalos)의 집에서 주고받은 대화다.

먼저 케팔로스가 정의의 개념으로 '말과 행동이 정직해야 한다'는 말을 하였다.

소크라테스는 '너무 구태의연하다. 단지 언행의 정직만으로 정의를 규정한다면, 미친 사람도 이에 해당되어 주제에 맞는 해답이 아니다'라고 비판하였다.

다음으로 폴레마르쿠스(Polemarchus, 케팔로스의 아들)는 '적에게 손해를 주고 우리 편을 도와주는 것이 정의'라는 주제로 화제를 돌렸다.

소크라테스는 '적을 효과적으로 물리치고 우리가 이기려면 싸우는 기법이나 전술이 능할수록 정의롭다'는 뜻이 된다. 이는 결국 '기술이 뛰어난 도둑도 정의로울 수 있다'는 말과 같다고 하였다.

---

23) 조찬래, 앞의 글, p.183.

소크라테스는 '우리의 이익을 위하여 남을 해치려는 구태의연한 생각은 버려야 한다. 남을 해치는 것은 정의가 아니다'라고 말하면서, 비유(比喩)를 들어 정의의 사례들을 제시하였다. 그중 한 가지 예를 들면, '의사가 환자를 치료하기 위하여 익힌 의술은 어느 특정한 개인이 아니고 여러 사람을 위한 것이어야 한다. 사업가나 정치가가 너무 잔혹하게 돈을 벌거나 권력을 행사한다면 필시 공동체로부터 제재를 받게 된다. 사회적인 힘이란 정당한 권위가 주어져야 한다. 만일 권력을 오랜 기간 장악하고, 이를 자신의 이익만을 위하여 행사하려면 그 권력은 필시 부패한다'고 하였다.

소크라테스는 공동체의 정의를 중요시하여 말하기를 '근시의 눈을 가진 사람이 큰 글자로 된 비문을 보면 편리하듯이 우리 이웃들도 개인적 정의의 문제를 공동체의 정의로 확대해야 한다'라고 하였다. 여기에 국가형성의 논리적 근거가 발생한다.

글라우콘(Glaucon, 플라톤의 형)은 후일 사회계약설의 원형을 제시하면서 '정의란 공동체가 그것을 요구하도록 동의하는 것이다'라고 하였다. 그는 기게스(Gyges: 사람들에게 자신의 모습을 보이지 않게 하는 마술을 함)의 반지를 소개하고 무소불위(無所不爲)의 권력을 독점한 자는 아무도 이웃을 고려하는 '정의'로운 행동을 하지 않을 것이라고 하였다. 아데이만투스(Adeimantus, 플라톤의 둘째 형)도 또한 형의 주장에 동의하여 기존의 관습을 비판하였다.

이런 토론과정을 거쳐서 글라우콘은 다음과 같은 함축성 있는 주장으로 사회계약설을 제기하였다. 즉, 그는 '사람은 개인적인 자급자족의 생활구조에서는 살기 어렵다는 사실로부터 국가가 저절로 발생한다'고 하였다.[24]

건강한 개인과 준법정신

소크라테스의 정의는 바로 개인과 국가의 건강한 발달에 관련되며 그는 특히 나라의 법을 지키는 준법정신을 강조하였다.

"사람이 건강해야 강한 체력을 유지하고 자신의 능력을 발휘할 수 있으며, 국가의 경우도 또한 같다. 국가구성원은 육신뿐 아니라 건강한 정신력도 겸비해야 하며 특히 질서를 지키고 조화, 협력하는 품성을 닦는 것이 중요하다. 정의로운 태도란 바로 이러한 준법정신과 남을 배려하는 자세를 말한다"[25]라고 하였다.

당시 법과 도덕, 국가와 개인, 국가와 법적 영역의 한계가 혼합되었던 상황에서 소크라테스는 법을 지키는 일이 곧 애국이요, 자신의 철학이라고 생각하였다. 그는 '무엇이 옳은가(즉, 보편적 이성 혹은 덕)'를 알면 곧 실천해야 하며 올바른 실천만이 참된 철학이요, 진리의 길이라고 확신하였다. 그가 주변의 모든 유혹을 뿌리치고 '악법도 법이다'라는 유명한 유언을 남기고 독배(毒杯)를 마신 것은 그의 '진리에 대한 사랑'을 보여준 성자(聖者)로서의 진면목이라고 본다.

---

24) Mcdonald, 앞의 책, pp.16~17.
25) Mcdonald, 위의 책, p.12.

국가는 대문자로 된 개인이다

플라톤(Plato, BC. 427~347)은 '국가는 대문자로 된 개인이다(The state is man writ at large)'란 표현으로 그의 국가적 정의를 규정하였다. 국가는 개인의 총화 이상의 존재라는 뜻이다.

이에 관한 구체적인 사례로 이른바 '멜로스의 정의'를 들 수 있다.

그리스 도시국가들은 서로 살아남기 위하여 치열한 전쟁을 벌였다. 우선 당시의 상황을 설명하자면 다음과 같다.

플라톤이 태어나기 전부터 시작된 펠로폰네소스 전쟁(Peloponnes war, BC. 431~404)은 아르키다무스 전쟁(Archidanian war, BC. 431~421), 니키아 평화(Peace of Nicia, BC. 431~421), 이오니아 전쟁(Ionian war, BC. 412~404) 등 세 단계로 구분할 수 있다.

아테네는 그리스 내의 스파르타 세력과 강국(強國)인 페르시아에 맞서 싸웠는데 전쟁의 영웅 페리클레스(Pericles, BC. 495~429)가 플라톤의 탄생 무렵에 죽었다. 아테네는 델로스 동맹을 체결(BC. 454)하여 그 맹주로서 지배권을 행사하였다. 당시 거의 모든 가맹국들이 아테네의 실질적 예속국가로 전락하였으며 동맹이탈을 꾀하는 도시들은 무자비한 보복을 당하였다. 펠로폰네소스 전쟁 중 중립을 지켰던 작은 폴리스(Polis, 도시국가)인 멜로스(Mellos)가 그 대표적인 사례라 할 수 있다. 700년 전통의 멜로스는 아테네가 부과한 과도한 조건을 거부한 대가로 나라가 초토화되었다. 아테네는 멜로스의 성인남자들을 모두 학살하고 부녀자를 노예로 삼았으며 토지를 몰수하고 도시를 파괴하였다. 결국 '멜로스의 정의'는 아테네와의 협상이 결렬되면서

철저히 파멸되었던 것이다.[26]

플라톤의 계급적 정의

이런 상황에서 플라톤이 그의 『국가론』에서 제기한 핵심적인 문제는 '정의란 무엇인가', '어떻게 정의를 실현할 것인가'였다. 그는 특히 정의로운 국가와 정의로운 사람과의 구체적인 관계에 관심을 갖고 있었다.[27]

플라톤은 『국가론』에서 그가 구상하고 있는 새로운 도시국가(Polis)[28]의 원리로 역할분담(기능의 분화)을 중요시하였다. 국가공동체가 융성하려면 통치자계급(Guardians)에서 농민에 이르기까지 각자가 맡은 역할을 제대로 수행해야 한다. 사람은 본래 금(金), 은(銀), 동(銅) 등 세 종류의 재능을 가지고 태어났으며 이런 속성은 각기 통치자와 무인계급, 노동자계급에 해당된다.[29] 서로 다른 재능을 가진 아이들은 그에 걸맞은 신분이 주어져야 하며 그 신분은 상속할 수 없다. 다만 은(銀)의 재능을 가진 부모는 금(金)이나 동(銅) 등 어떤 재능의 아이도 생산할 수 있다. 통치자계급은 스파르타의 지배에 복종해야 하며 사유재산을 소유할 수 없다. 그들은 마치 군대식 병영처럼 같은 막사에

---

26) Thucydides, *The History of the Peloponnesian War*, tran. by Rex Warner(London, 1956), pp.358~366.

27) *The Republic of Plato*, trans. by F. M. Conford, 1978, p.129. 조찬래, 앞의 글, p.184 참조.

28) 당시 그리스 사람들은 새 도시(국가)를 세우는 일이 흔히 있었다. 때로 도시국가가 너무 복잡해지면 일부 집단이 배를 타고 지중해로 나가 돌아다니다가 새 도시를 설립하였다. C. J. Friedrich, 서정갑 역, 『정치사상 강좌』(법문사, 1977), p.81.

29) 위의 책, p.18.

서 식사와 취침 등 공동생활을 해야 한다고 하였다.

플라톤의 이러한 구상은 사람들이 자신의 가족보다는 국가 혹은 공동체생활에 더 많은 관심을 가져야 한다는 목적이 내포되어 있다.

플라톤은 소규모의 강력한 도시국가를 이상으로 보았다. 규모가 큰 대제국은 (상상할 수도 없는 일이지만), 분열되고 빈부의 격차가 심하며 시민의 교육과 법질서 유지에 부적당하다고 믿었다.

플라톤의 『국가론』에서 공동선(共同善)과 정의실현은 국가의 가장 중요한 임무였으며 국가는 정의의 이름으로 사회의 법질서를 유지한다. 정의의 목표는 국가와 개인의 영혼 속에서 조화로운 질서를 배양하는 것이다. 국가가 융성하려면 국가구성원인 개인이 법을 준수하고 자제해야 하며 이런 뜻에서 플라톤은 '국가는 개인의 확대현상'이라고 하였다.[30]

플라톤은 덕(德, Virtue)을 교육의 목표로 삼았다. 덕의 4대 덕목은 지혜, 용기, 절제, 정의(正義)다. 이성(理性)의 덕은 지혜이고, 의기(意氣, 기개)의 덕은 용기이며 물욕(物慾)의 덕은 절제이다. 그리고 지혜, 용기, 절제가 모두 포함되고 이들이 균형과 조화를 이룬 전체적인 덕을 정의라 하였다. 이를 국가구성의 계급에 적용하면 지혜는 통치계급에, 용기는 수호자계급(무인계급과 군인), 절제는 영양계급(생산계급, 농공상인)에 해당된다. 정의는 모든 계급에 걸친 덕으로 나타난다.

정의란 공동체 내에서 모든 계급(통치자, 군인, 상인 등)의 사람이 자신에게 주어진 역할을 충실하게 수행하는 것을 의미한다. 특히 소크라테스는 제자들 앞에서 "국가적 정의란 개인적 정의의 원래의 뜻

---

30) Mcdonald, 앞의 책, pp.18~19.

을 살려 이를 국가에 확대 적용하는 것이다"31)라고 말하였다. 정의로운 사람은 정의로운 국가에서 찾을 수 있고, 국가가 정의로워야 개인도 정의로울 수 있다.

통치자계급의 높은 덕성을 확보하기 위하여 플라톤은 처자공유제(妻子共有制)를 주장하였다. 그 내용은 다음과 같다.

"처자공유제는 결코 혼음이나 성적 문란행위는 아니다. 정기적으로 축제를 열어 그 기간에 최우수자끼리 밤을 새우게 하고 우수한 아이를 생산하는 일이다. 결혼축제가 열리면 통치자계급은 금욕을 해야 한다. 단, 통치자층에 속한 사람 중 우수자 선발에서 탈락된 사람들은 그들의 불운을 탓할 수밖에 없다. 그들의 아이들도 하층계급으로 강등되기 때문이다. 선택된 계층의 아이들은 즉시 유모(乳母)의 손에 넘어가고 국가를 위한 교육을 받게 된다. 아이들은 각자 자신의 부모가 누구인지를 모를 것이며 혹은 모두가 부모라고 생각할 것이다. 특정의 축제기간에 태어난 아이들은 모두가 한 가족으로 일단의 혈연관계가 이루어지며 이를 바탕으로 국가가 융성하는 기틀이 이루어진다. 부모 자녀들은 같이 즐거워하고 슬퍼할 것이며 재산의 사유도 없을 것이다. 모두가 '내 것'은 없고 '우리들의 것'이 될 것이다"32)라고 하였다.

---

31) 위의 책, pp.18~19.
32) 위의 책, p.20.

철인왕의 통치

플라톤은 국가의 가치목표인 정의실현의 담당자로서 철인왕을 들고 있다. 그는 자신의 스승인 소크라테스를 처형한 현존의 국가, 정부를 사악(邪惡)한 존재로 보았다. 플라톤은 "만일 도시국가에서 지혜를 사랑하는 사람이 지도자가 되지 않는다면, 현재의 왕이나 지배자가 진정으로 지혜를 사랑하지 않는다면, 정치권력과 지혜가 결합하지 않는다면, 그리고 정치와 철학이 서로 배타적인 것을 추구하는 것을 막지 않는다면, 국가나 인류에게 악(惡)이 그치지 않으리라"[33]라고 하였다. 지혜를 사랑하는 사람만이 진정한 의미의 정의가 무엇인지를 알고 있으며, 철인왕의 지배야말로 가장 정의롭고 훌륭한 통치라는 뜻이다.

동굴의 비유

철학자가 무지에 허덕이는 사람들을 깨우치려는 상황을 그린 이야기로 플라톤의 『국가론』에 나오는 유명한 '동굴의 비유'가 있다. 그 그림을 간단하게 설명하면 다음과 같다.

"어두운 동굴에 갇힌 사람이 무거운 벽 앞에 앉아 있다. 그의 손발은 쇠사슬로 묶여 있고, 목은 고정되어 있어서 움직일 수 없다. 사람

---

33) Friedrich, 서정갑 역, 앞의 책, p.82.

의 뒤에는 제단이 있고 그 위에 촛불이 흔들리고 있다. 희미한 불빛이 제단 앞 토담을 넘어 벽 앞에 어른거린다. 무지한 사람들은 벽에 비친 그림자의 모습과 소리를 듣고 사물을 판단한다. 허수아비를 실재하는 인물이라고 믿고 있다. 이 그림에 나오는 비유가 대부분 인간들의 운명이다. 만일 동굴 속 인간이 밖으로 나와 햇빛을 본다면 눈을 뜨지 못하고 마치 악몽을 꾸었다고 생각할지 모른다. 하지만 차츰 햇빛에 익숙하면서 사물을 인식하고 처음으로 단순한 그림자가 아닌 사물의 실재가 무엇인가를 알게 될 것이다. 그가 다시 동굴로 들어오면 어둠에 익숙할 때까지 그림자와 실재를 구별하지 못한다. 철학자들은 햇빛 쏟아지는 바깥세상을 자유로 출입하며 사물의 실체가 무엇인가를 알고 있다. 만일 철학자들이 동굴 속 사람들에게 진실을 깨우치려고 하면 동굴 안 사람들은 그를 비웃고 혹은 죽이려고까지 한다. 무지한 사람들을 깨우치는 일이 이토록 어렵다. 하지만 지혜를 사랑하는 사람들, 절대적 진리를 추구하는 사람들, 즉 철학자들은 반드시 동굴로 되돌아가야 하며 무지한 사람들을 깨우쳐주어야 한다.”[34]

다시 말하여 정의를 알고 이를 실현하려는 철학자들이 도시국가를 지배하고 이끌어갈 주인공이 된다는 것을 상징하고 있는 것이다.

여기서 햇빛 쏟아지는 광명의 세계는 정의가 실현되는 실재요, 플라톤이 말하는 형상(形相)의 세계, ‘이데아의 세계’를 그리고 동굴의 세계는 무지와 편견에 사로잡힌 혼돈의 세계를 상징한다. 형상(形相)에 대한 안목이 없이는 국가도 개인도 지혜로울 수 없다. ‘동굴의 비유’는 특히 정치지도자들이 심각하게 받아들여야 할 문제이다.

---

34) Mcdonald, 앞의 책, p. 23

플라톤은 철학자가 통치자가 되거나 통치자가 철학을 배워서 실행해야 한다는 이른바 철인통치의 이상을 기대하였다. 철인왕은 행동(권력 혹은 힘)에 앞서 학식(철학 혹은 지식)에 관심을 갖고, 시대적 감정이나 대중의 동의를 초월하여 정의를 실현할 수 있는 존재다.[35]

존스턴은 그를 평하여 "플라톤의 정의(正義)는 국가와 국민의 영혼 속에서 조화로운 질서를 배양하는 것을 목표로 한다. 그 형태는 계급조직이며 조직 안에 철학자의 판단이 다른 인간들의 충동과 능력을 엄격하게 지배한다. 여기서 계급조직은 개인과 전체로서 도시국가에도 적용된다"[36]라고 하였다.

플라톤의 '처자공유제, 계급적 국가론, 철인왕 통치사상'은 바로 그 제자인 아리스토텔레스로부터 비판을 받기 시작하였으며 오늘의 현실에도 맞지 않는다. 다만 그가 '힘의 정치'를 거부하고 '정의, 선, 덕의 실현'을 국가의 목표로 제시한 것은 미래 조망적 안목이 있다고 평가되고 있다.

공자의 인(仁) 사상

공자(孔子, BC. 551~479)의 근본사상은 사람 혹은 인(人 혹은 仁)이다. 인은 유교사상의 중추이며 불교와 도교의 차원에서도 매우 중요한 위치를 차지하고 있다.[37] 인(仁)의 글자는 사람 혹은 두 사람을 가

---

35) 위의 책, p.21.

36) David Johnston, *A Brief History of Justice*, 정명진 역, 『정의의 역사』(서울, 부글북스, 2011), p.96.

37) 송영배, 『중국사회사상사』(서울, 한길사, 1986), p.83.

리키며 인간들의 상호관계를 상징한다. 어느 사람이 자산(子産)의 인물을 물으니 공자가 '혜인야(惠人也: 은혜를 베푸는 사람)'라 했고 관중(管仲)의 인물을 물은즉 공자가 '인야(人也)'라 하였는데 그 인은, 즉 인(仁)을 의미한다.[38]

사람은 심산유곡(深山幽谷)이나 무인고도(無人孤島)에서 혼자 고립하여 살 수 없으며 누군가와 더불어 공존한다. 서로 갈등, 대립하고 화합, 용서하며 일상을 살아간다. 그런 사이에 서로를 이해하고 사랑하며 성숙해나가는 것이 인간사요, 사회생활이다.

공자는 인(仁)과 덕치(德治)의 실천으로 무너져가는 고대 주례(周禮)의 질서를 회복하여 자신이 구상한 정의의 이상을 실현코자 하였다.

공자가 말하기를 "군자는 의(義)로써 바탕을 삼고 예(禮)로써 행하며 공손하게 말하고 신의(信義)로써 매듭을 지우니 참 인간이로다."[39] 또 계강자(季康子)의 정치에 대한 질문에 답하기를 "정치는 바로 정(正)이니 임자(통치자)가 바르게 이끌면 누가 감히 그르치겠는가." "당신이 선(善)을 행한다면 백성들도 따르기 마련이다. 군자의 덕(德)은 바람과 같고 소인의 덕은 풀과 같다. 바람이 불면 풀은 필시 바람에 쏠리고야 말 것이다"[40] 하였다.

공자는 당시 사회의 위기가 주(周)나라 질서의 붕괴에 있으며 그 근본원인이 통치자인 군자(君子)의 도덕적 타락에 연유한다고 보았다. 이런 상황에서 공자는 덕치(德治)로 잃었던 주례(周禮)를 회복하여 당면한 위기를 극복하고자 하였다. 군자의 덕(德)은 인(仁)으로 포괄할

---

38) 이을호 역, 『논어』, 「헌문편」(신양사, 1969).

39) 『논어』, 「위령공편」.

40) 『논어』, 「안연편」.

수 있으며 이는 당시 피지배 농민인 백성에 대하여 인자(人者)인 군자 계층과의 도덕적 융합을 의미한다. 공자는 당시의 사회갈등을 극복하기 위하여 군자 특히 지식인들의 도덕적 의식인 인(仁)을 강조하였다.

하지만 공자는 주례(周禮)에 대한 과거지향성을 탈피하지 못하고 이를 위기극복의 이상적인 사회질서로 추상화함으로써 미래의 변화에 대응하지 못하였다는 비판이 있다.[41]

공자의 유가에서는 근본적으로 가부장적인 상하차등의 인간관계를 중시하고 이를 바탕으로 한 사회구성원 간의 조화와 화합을 강조하였다. 생산력의 증대나 부(富)의 공정한 분배보다는 사회구성원 간의 화합을 더 중요한 가치로 중시하였다.

공자 말하기를 "군자는 도(道)에 관심을 두고 가난을 걱정하지 말라,"[42] "군자가 도에 뜻을 두고도 자신의 허술한 의복과 음식을 부끄럽게 생각하면 의론(議論)의 상대가 못된다", "아침에 도를 터득하면 저녁에 죽어도 좋다", "군자는 의(義)에 밝고 소인은 이(利)에 밝다"[43]고 하였다.

공자의 천명론(天命論)

『논어』에 의하면 공자 자신은 30세에 뜻을 세우고, 40에 불혹(不惑)이요, 50세에 천명(天命)을 알았다고 하였다. 아이러니한 이야기이지

---

41) 송영배, 『중국사회사상사』, p.113.
42) 『논어』, 「위령공편」.
43) 『논어』, 「이인편」.

만 부처님과 예수님은 이미 20대, 30대에 깨달음을 얻었고 부활하셨으며 중국 천하를 통일한 진시황과 우리의 성현으로 추앙을 받고 있는 율곡 선생은 천명을 알기도 전에 세상을 떠났다. 과연 천명의 참 뜻은 무엇인가?

『논어』에 있는 천명의 내용을 종합해보면 대개 인격천(人格天), 덕성천(德性天)이다. 즉, 하늘이 의지를 가지고 있다는 주재천(主宰天)의 경우, 하늘을 덕과 이치(理致), 문화의 근원으로 보는 입장이다.

풍우란(馮友蘭)은 "공자는 도(道)가 온 천하에 실행되면 그것이 명(命)이요, 도가 폐지되면 그것도 명이라고 하였다. 아마도 공자의 의중에는 세상에는 우리가 모르는 하늘의 뜻이 있으며 군자는 항상 미지(未知)의 하늘이 준 교훈, 즉 '천명을 두려워할 줄 알고 신중히 행동하라'는 메시지가 담겨 있는 것이 아니겠는가" 하였다.[44]

순자의 분업과 도덕정치

한편 순자(荀子, BC. 315～234?)는 분업을 주장하고 객관적으로 타당한 예(禮)를 기초로 계층 간 불화와 갈등을 조정하고자 하였다. 인간은 태어나면서 (무한한) 욕구를 가지고 있으며, 욕구가 증대할수록 생산물 및 재화의 부족으로 사회적 갈등이 나타난다. 이러한 갈등을 해소하려면 생산력을 증대시키고 인간을 능력에 따라 구분하는 분업(分業)이 필요하다. 이러한 분업이 제대로 실현되려면 사회적 정의와

---

44) 김재영, 『한국사상의 맥』(파주, 한국학술정보(주), 2009), pp.159～161.

합치되어야 한다. 『순자(荀子)』「왕제편(王制篇)」을 보면 "물과 불은 기(氣)가 있지만 생명이 없고, 초목(草木)은 생명은 있으나 지각(知覺)이 없으며, 금수(禽獸)는 지각은 있어도 의(義)를 모른다. 사람은 기와 지각이 있고 의(義)를 알기 때문에 천하에 가장 고귀한 존재이다. 사람이 분업(分業)에 따르고 각자 그 일이 정의(義)를 토대로 행하여지면 화합이 이루어진다. 화합과 단결은 힘이 되어 노동력을 향상시키고 사물을 지배할 수 있다"라고 하였다. 순자는 예(禮)에 의한 도덕정치, 분업과 정의를 토대로 한 조화 속에서 사회적 갈등을 극복하고자 하였다.

플라톤과 공자의 사상

동서양을 대표하는 이들 두 학자의 서로 다른 점을 비교하면 다음과 같다.

첫째, 플라톤이 살았던 그리스는 일찍부터 상공업이 발달하여 지중해를 중심으로 활발한 교역이 행하여졌다. 시민들은 비교적 자유로운 생활을 누렸으며, 이들은 또한 스스로를 지키려는 군사적 목적에 결속되어 국가공동체에 대한 봉사 속에서 자기완성을 추구하였다.

한편 동양의 성자(聖者)였던 공자는 제후들의 공벌과 이적(夷狄)의 침입으로 국가가 분열되고 왕권이 크게 동요되었던 춘추전국시대에 태어났다. 공자의 출생은 플라톤보다 약 125년이 앞선다. 공자의 주된 관심은 그가 이상으로 생각한 주(周)의 종법질서와 예(禮)를 회복하는 일이었다.

둘째, 공자와 플라톤은 모두 교육을 통하여 인간의 태도를 바꿀 수 있다고 믿었다. 공자는『논어』「양화편」에서 "성상근야 습상원야(性相近也, 習相遠也), 타고난 능력 혹은 성품은 비슷하지만 교육과 습관에 따라 크게 달라진다"라고 하였다. 예를 들어 일하는 농부도 열심히 학습을 익히면 군자(君子: 선비를 말함)가 될 수 있다는 뜻이다.

셋째, 플라톤은 개인적 정의에 앞서 국가적 정의를 이해해야 한다고 하였는데 공자는 반대입장이다. 공자의 주장에 의하면 국가는 개인이 이해하기에 너무 어려운 추상적 존재에 불과하다. 훌륭한 정부는 훌륭한 개인으로부터 출발하며 개인의 인격 완성이 (지위계급을 불문하고) 가장 중요한 정치, 사회적 가치이다. 국가를 이해하려면 개인, 가족에서 출발하여 국가와 세계로 확대되어야 한다(修身齊家 治國平天下)고 하였다.

넷째, 공자는 통치자는 하늘의 명(天命)에 의하여 정해지는 것이며 인간에 의한 지배와 통치를 정치의 근본이론으로 삼고 있다. 반면 플라톤은 헌법 등 법에 의하여 설립된 정부체제를 강조하였다. 공자의 역할분담은 통치자, 군인, 상업, 농업 등 기능의 분담보다는 군군, 신신, 부부, 자자(君君, 臣臣, 父父, 子子) 등 가족윤리를 그 기반으로 하고 있다. 당시 공자가 살았던 시대환경에서 가족은 재화(財貨)와 용역(用役)을 생산하는 경제주체요, 가부장권(家父長權)의 확립과 효도, 우애는 유교국가를 유지하는 기본적 도덕윤리였다.

『논어』에 "혹자가 공자에게 말하기를 '공자께서는 왜 정치를 하지 않으십니까' 하자, 공자가 말하기를 '서경에서 말하기를 효도로다, 오직 효도로다, 형제간에 우애하라, 정치도 이렇게 하면 되는 것이다[45]'

라고 하였다."

다섯째, 정의와 관련된 덕목으로 공자는 중용(中庸)에 대하여 다음과 같이 말하였다. 즉, 공자 말하기를 "중용의 덕 됨이 그 지극함이여, 사람들이 능히 행함이 드물게 된 지 오래이다. 사람들은 모두 말하기를 나는 중용을 안다고 하지만 중용을 택하여도 한 달도 지키지 못한다"46)라고 하였다.

주자(朱子)는 중용의 뜻을 풀이하여 "중(中)자는 치우친 것도 넘친 것도 모자라는 것도 아닌 것이요, 용(庸)자는 보통인 것이요, 지(至)자는 (덕 됨이)지극한 것이다"47)라고 말하였다.

여기서 공자가 말한 도(道: 중용의 도)의 지나침은 지자(知者) 혹은 현자(賢者: 道家類)의 불명(知的 不明)과 불행(不行: 실행하지 않음)이고, 불급은 어리석은 사람(法家類를 말함)의 행동으로 해석되고 있다.48)

하여튼 중용의 중(中)은 단순한 산술적 중간개념이 아니라 중정지도(中正之道), 즉 정도(正道), 옳은(是) 길을 의미하며 플라톤의 정의에 상응한다.49) 중용은 분명 공자의 중심사상으로 천하의 대본(大本)이라 할 수 있다.

---

45) 『논어』, 「위정편」, 자해불위정(子奚不爲政), 서운 효호유효 우우형제 시어유정 해기위위정(書云 孝乎惟孝 友于兄弟 施於有政 奚其爲爲政).

46) 민족문화추진위원회, 『사변록』(1976), 『중용』 제7장, 중용지위덕야, 기지의호, 민선, 구의(中庸之爲德也, 其至矣乎, 民鮮, 久矣) 인개왈예지 택호중용이불능기월수야(人皆曰豫知, 擇乎中庸而不能期月守也).

47) 배종호, 공자의 중용사상, 『한국공자학회』(공자사상과 현대, 사사연, 1986), p.166. 『朱子註』에 중자는 불편불의 무과불급지명야, 용자 평상야, 지자 극지야(中者 不偏不倚 無過不及之名也, 庸者 平常也 至者 極之也).

48) 위의 글, p.172.

49) 『논어』 집주를 보면 황간은 중을 '중정지도'라 하였고, 『논어』 요왈(堯曰)에 윤집궐중(允執厥中: 진실로 그중(中)을 잡아라)이라는 구절이 있다. 위의 글, p.181.

루브르 박물관의 그림

프랑스 루브르 박물관에 소장된 라파엘(Raphael, 1483~1520)의 명화 <아테네의 학원>을 보면 플라톤, 아리스토텔레스(Aristoteles, BC. 384~322) 두 학자가 각각 가운을 입고 왼손에 큰 책을 한 권씩 끼고 있는 장면을 볼 수 있다. 스승인 플라톤은 오른손 엄지손가락으로 하늘을 가리키고, 제자인 아리스토텔레스는 오른손 다섯 손가락으로 땅쪽을 가리키며 스승을 쏘아보고 있다. 이 그림을 보고 해설자들은 "스승은 '나는 저 하늘에 있는 이데아를 존경한다'고 말하고 있으며, 제자는 '에이도스(이데아)는 지상의 개체 속에 있다'는 뜻을 상징하고 있다"라고 해석한다. 하여튼 아리스토텔레스가 그의 스승에 비하여 훨씬 다양하고 현실에 가까운 이론을 내놓은 것은 분명하다. 다음에서 우선 플라톤에 대한 비판의 글부터 살펴보자.

아리스토텔레스의 플라톤 비판

아리스토텔레스는 플라톤 이론의 다음 두 주장을 특히 비판하였다.

첫째, 플라톤은 폴리스의 통합을 지나치게 강조하였다. 플라톤은 소크라테스의 말을 빌려 "폴리스의 강력한 통합은 최상의 선(善)이다"라고 하였다. 이에 대하여 아리스토텔레스는 "국가통합을 너무 강조하면 결국 국가가 가족으로 전락한다. 국가통합이 완벽하게 이루어지면 국가와 가족, 종족 혹은 결사들과 구별해주는 여러 다양한 요인들이 없어지기 때문이다. 국가통합보다는 자급자족(Self-sufficiency)하는 일이 더 필요한 일이다.”

둘째, “아무리 통합이 중요해도 재산과 부부의 공유는 국가목적에 부합하지 않는다. 재산의 평등은 욕망을 평준화하는 것보다도 더 어렵다. 그리고 부인과 자녀를 공유하면 ‘모두가 나의 가족’이라고 생각하여 아끼고 사랑하는 것이 아니라, 반대로 ‘모두가 나의 가족이 아니다’라고 하면서 소홀히 하기 쉽다”[50]라고 하였다.

아리스토텔레스의 정의 개념

아리스토텔레스의 정의에 대한 설명은 보통 완전한 보편적 정의와 부분적 혹은 구체적 정의로 나누어 논의되고 있다. 전자는 주로 선, 미덕, 행복한 삶 등 추상적인 가치를 중심으로 전개되고 후자는 분배적, 교정적 정의가 대표적 사례다.

정의는 일반적으로 선(善), 혹은 미덕(Virtue)을 구현하는 것이며 폴리스 생활의 중심적 가치다.

이 문제에 관하여 아리스토텔레스 『윤리학』[51]에 나오는 내용 몇 구절을 소개하면 다음과 같다.

선(善)-국가와 개인 우리들 모든 활동의 목적은 선(善)이다. 즉, 우

---

50) Mcdonald, 앞의 책, p.52.

51) Aristotles, *Nicomachean Ethics*, Book 5, trans and ed. by W. D. Ross(Oxford: Clarendon Press, 1925), p.131. Mcdonaald, 앞의 책, p.42. 조대웅 편역, 『니코마코스 윤리학』(서울, 돋을새김, 2008).

리가 창조하고 탐구하며 행동하고 선택할 때, 그 으뜸가는 목적은 선
이다. 이를 다루는 학문은 정치학이며 다시 말하여 정치학은 인간에
게 최고의 선을 밝히는 것을 목적으로 한다. 선을 추구하는 것은 개
인에게도 중요하지만 개인이 모인 종족과 국가(Polis)에서는 더욱 중
요하다.[52] 국가의 문제는 다음에서 다루겠다.

행복 선의 추구는 우리가 추구해야 할 목적가치이며 선 가운데 최
고의 선(善), 가장 완벽한 선은 행복이다. 이는 다른 목적을 위하여 추
구되는 것이 아니고 그 자체가 궁극적인 목적이 된다. 행복, 즉 자족
(自足)은 어떤 한 개인만을 만족시키는 것이 아니라 부모, 가족, 친구,
나아가 시민 전체의 만족을 의미한다.

미덕(Virtue) -행복은 학습이나 습관, 훈련으로 얻어지며 혹은 신의
섭리일 수도 있다. 행복은 미덕을 추구하는 결과에 대한 보상이며 미
덕을 추구하는 것 자체가 최고의 것, 축복된 것으로 보인다. 행복은
미덕을 실현하기 위한 정신(영혼)활동이며 누구든지 노력만 하면 얻
을 수 있는 것이므로 모든 인간들에게 공평하게 주어진 선물이다. 미
덕이란 합리적인 행위를 선택하는 품성을 말하며 실천적 습관을 통
하여 완전하게 이루어진다. 미덕이 추구하는 것은 너무 많지도 부족
하지도 않는 중용(中庸)이며 이는 모든 행동기술을 앞선다. 중용이란
실천적 이성을 가진 사람이 행동을 결정할 때 따르는 기준이다.[53]

---

52) 조대웅 역, 위의 책, pp.16~18.
53) 위의 책, pp.32~57.

국가공동체와 선(善)에 관하여 아리스토텔레스는 말하기를 "만일 공동체들이 선을 목적으로 하고 있다면, 국가공동체는 공동체 중 최상의 존재이다. 국가는 모든 것을 포용한 가치로서의 선(善), 즉 가장 높은 선(善)을 지향해야 한다. 최고(最高)의 선은 가장 중요한 선을 말하며 행복(幸福)이라 할 수 있다. 희랍어에서 행복의 개념은 보편성 있는 복리(Well-being)와 선행(Well-doing)을 의미한다."[54]라고 하였다.

여기서 복리는 자급자족(Self-sufficiency)을 의미하며 고립된 개인의 자족적 생활이 아니라 가족, 친우, 주민 등과 더불어 사는 넓은 뜻을 함축하고 있다. 그리고 선행이란 착하고 고상하고 합리적인 정신력, 적절한 능력을 갖춘 숙련과 신중성, 고난과 불행을 극복한 생활 전반에 걸친 태도 등을 말한다.

모든 계급의 사람들에게 있어 최고(最高)의 선은 행복이다. 행복은 외적인 선보다 내면적 미덕이 더 중요하다. 사람들은 대개 선 혹은 행복을 쾌락과 혼동하는 경우가 많다. 사람들의 일상생활을 보면 보통 쾌락을 즐기며 살고 있다. 하지만 분명 명예는 쾌락보다 높다. 세상에는 쾌락보다 명예와 미덕을 중히 여기며 공공생활에 나서는 사람이 많다. 또한 대개 자신이 누린 명예가 바로 선(善)이라고 믿는 사람도 있다. 미덕은 명예보다 차원이 높고 명예를 평가해주는 목적이라 할 수 있다. 그렇다면 미덕이 정치생활의 목적이 될 수 있을까? 확실한 결론을 내리기 전에, 미덕이란 수많은 고통과 불운, 불명예 등 수난이 따른다는 것을 명심할 필요가 있다. 미덕 다음으로 중요시해야 할 생활태도로 아리스토텔레스는 '숙고(Contemplation)'를 들어 설

---

54) 서정갑 역, 앞의 책, p.110.

명하였다.[55]

행복의 실천과 심사숙고

'행복이란 최고의 선'이라고 할 때 그 말을 단지 상투적인 의미로만 보아서는 안 된다. 사람들이 이성적인 원리를 수용하고 이에 따르는 영혼을 갖고 활동해야 한다.

수금(竪琴: 고대의 악기, 하프) 연주자의 기능은 수금을 타는 것이고, 우수한 수금 연주자의 기능은 수금을 훌륭하게 연주하는 것처럼, 선하고 고상한 사람은 그에 걸맞은 행동을 수행해야 한다. 이를 주관적으로 표현하면 '인간의 선(善)은 미덕(Virtue)에 따른 정신적 활동이다'라고 말할 수 있다. 하지만 '한 마리의 제비가 여름을 만들 수 없다'는 속담이 있듯이 보다 완벽한 생활, 즉 행복한 인생을 위해서는 그 정신에 따르는 실제행동을 더 추가해야 한다. 여기서 아리스토텔레스가 특히 행복을 위한 활동을 강조한 것은 그의 휴머니즘적 인간성을 보여주는 것으로 크게 주목할 필요가 있다.[56]

실제 행동과정에서 인간은 수많은 어려움을 극복해야 하기 때문에 그의 '삶의 전 과정'을 통하여 행복을 판단해야 한다. 인간의 사회활동으로는 당시 희랍에서 행하여지고 있던 예술, 체육, 군사활동, 정치 등이 있으며 이들 분야에서도 우수성을 인정받아야 한다.

---

55) Mcdonald, 앞의 책, p.39.
56) C. J. Friedrich, 서정갑 역, 앞의 책, p.119.

미덕은 방관자로 안주(安住)할 수 없고 신의 선물도 아니다. 미덕은 타고난 천성과 기예(Art), 이성(Reason), 학습(Learning) 그리고 습관(Habituation)에 달려 있다.[57)]

행복은 최고의 선이며 미덕이다. 특히 정치적(도시국가의) 선, 즉 정의를 논의하면서 우리는 이를 심사숙고하는 태도(Contemplation)가 필요하다.

아리스토텔레스의 『윤리학』에서 심사숙고는 논의의 정점을 차지한다. 아리스토텔레스는 이를 다음 다섯 요목으로 나누어 설명하였다. 그는 "첫째, 숙고란 말과 행동 등 외적 영역의 행동 외에 영혼의 정신적 활동이 중요하며 주로 후자에 치중해야 한다. 둘째, 우정(友情)은 신중하게 고려해야 할 미덕이다. 하지만 돈독한 우정을 위하여 보다 차원 높고 진실하고 포용력 있는 우정을 깊이 있게 생각해야 한다. 셋째, 미덕을 인식할 뿐 아니라 이를 갖추고 실행에 옮겨 선에 이르는 여러 방법을 강구해야 한다. 넷째, 인간사(人間事)를 초월한 신(神)의 섭리를 이해하는 것은 분명 숙고에 해당된다. 인간 또한 생명을 유지하기 위하여 할 일이 많다. 신성(神性)과 인간성(人間性) 모두가 중요하다. 우리는 될수록 영원하기를 바라지만 인간의 현실문제에 최선을 다하는 것이 필요하다. 인간은 이성적 동물이기 때문에 인정(人情)을 초월하는 숙고과정에서도 인정을 도외시해서는 안 된다.

다섯째, 지식의 활용은 숙고의 목적이며 진정한 신성(神性)을 위하여 고도의 지식이 필요하다. 철학자는 훌륭한 국가의 보호를 받아야 빛이 나고 국가는 철학자의 지식이 있어야 발전한다. 사람은 국가의

---

57) Mcdonald, 앞의 책, p.41.

경험 없이 철학자가 될 수 없다. 국가는 교육사업을 수행해야 하고, 시민을 제대로 육성하기 위한 방법으로 법을 지키는 일이 가장 중요하다. 윤리가 끝나는 곳에 정치가 시작된다"[58]라고 하였다.

아리스토텔레스 정의의 두 입장

아리스토텔레스의 정의는 보통 다음 두 입장으로 정리하여 설명한다.

목적론적 입장

아리스토텔레스는 플라톤의 목적론을 근거로 국가의 선과 행복, 정의론을 전개하였다.[59] 고대에는 지금보다 목적론적 사고가 더욱 크게 작용하였다. 플라톤과 아리스토텔레스는 불이 위로 솟는 이유는 본래의 자리인 하늘에 닿기 위함이요, 돌이 아래로 떨어지는 것은 원래에 있던 땅에 가까워지려는 것이라고 생각하였다. 자연은 의미 있는 질서에 따라 움직인다고 여기던 시절이었다. 자연과 그 작용을 이해하는 것은 곧 자연의 목적과 본래의 의미를 파악하는 것이었다. 근대과학이 출현하면서 자연은 더는 의미 있는 질서로 인식되지는 않았다.[60]

---

58) 위의 책, p.48.

59) Aristotles, *Metaphysics*, trns, by Richard Hope(Ann Arbor: University of Michigan Press, 1960). 조찬래, 앞의 글, p.184 참조.

60) 마이클 샌델, 이창신 역, 『정의란 무엇인가』(파주, 김영사, 2011), p.266.

목적론에 의하면 자연적인 질서에는 나름대로 그 고유의 목적이 있으며 국가에도 목적이 있다고 본다. 아리스토텔레스에 의하면 모든 학문과 기술의 궁극적인 목적은 선이며 정치의 선은 정의이다. 국가의 목적은 정의의 실현이며, 최고 선, 행복한 삶 등 도덕적 가치와 연관되어 있다. 좋은 국가는 시민의 미덕을 장려하고 공동체 구성원 모두가 행복한 삶을 누릴 수 있도록 훌륭한 시민을 길러내야 한다. 우수한 시민은 좋은 국가 내에서 지혜와 미덕을 발휘할 수 있고, 따라서 국가는 목적적 존재로서 가장 강력한 공동체인 것이다.

아리스토텔레스는 국가공동체에 관하여 "모든 국가는 분명 일종의 공동체이며 모든 공동체는 선을 실현하기 위하여 구성된다. 인간행동의 궁극적 목적은 선의 실현에 있기 때문이다. 국가는 모든 공동체 중에서 으뜸이며 다른 모든 공동체들을 포괄하는 공동체야말로 분명 으뜸가는 선을 가장 훌륭하게 추구할 것이다. 국가는 가정과 개인에 우선하고 전체는 부분에 앞선다. 국가형성은 정의실현의 전체다. 인간은 법과 정의가 없으면 가장 사악하고 가장 위험한 동물이다. 정의는 국가공동체의 질서를 유지해준다"[61]라고 하였다.

아리스토텔레스의 '인간은 정치적 동물이다'[62]란 표현도 '국가공동체(Polis)에 소속되어 그 구성원으로 살고 있는 존재다'의 뜻으로 해석된다. 마이클 샌델은 다음 몇 가지 예를 들어 목적론적 정의론을 설명하였다.

① 플루트를 분배할 경우, 플루트의 목적은 뛰어난 음악을 만들어내는 데 있다. 그러므로 최고의 악기(플루트)를 최고의 음악가

---

61) 아리스토텔레스, 천병희 역, 『정치학』(고양, 숲, 2009), pp.15~17.

62) *Politics of Aristotle*, trans, by E. Barker(London Oxford University Press, 1960), chapt. 2

(연주자)에게 주어야 최고의 연주가 나올 수 있다. 만일 타고난 신분이나 부(富), 미모(美貌), 우연(제비뽑기) 등 다른 차별적 기준을 적용한다면 그것은 정의가 아니다.

② 스트라디바리우스 바이올린이 경매에 나왔을 경우, 그 바이올린은 원래 연주를 목적으로 만들어진 것이다. 돈 많은 수집가가 단지 그것을 거실에 전시하기 위하여 산다면 아무리 많은 돈을 준다 해도 그 결과가 불공정하다.

③ 곰돌이 푸의 목적론적 사고, 곰돌이 푸가 참나무 밑치에 앉아서 어디선가 '윙윙'거리는 소리를 듣고 생각에 잠겼다. "저 '윙윙'거리는 소리는 그곳에 꿀벌이 있다는 뜻이겠지. 꿀벌이 있는 이유는 꿀을 만들기 위해서야. 그 꿀은 나더러 그걸 먹으라는 이야기야." 곰돌이 푸는 자연현상을 이런 식(목적적 행동)으로 바라보면서 나무 위에 올라가기 시작하였다.

위의 이야기들은 목적론적 추론의 한 예를 간단히 엮은 것이다.

과학이 목적론적 사고를 거부하자 정치와 도덕도 그러한 사고를 거부하려 든다. 하지만 이를 공부하는 사람들은 '여전히 아리스토텔레스의 글을 읽고 고민한다'[63]라고 하였다.

앞서 언급한 대로 아리스토텔레스는 구체적 정의를 둘로 구분하여 분배적, 교정적 정의론을 제시하였다. 전자의 경우 '평등한 사람들에게는 평등한 대상들이 할당되어야 한다'는 유명한 구절이 있다. 여기서 평등한 사람이란 '자유로운 신분이면서 서로 동등한 남자들' 사이

---

63) 마이클 샌델, 이창신 역, 앞의 책, pp.262~267.

의 비례적, 상호관계를 말한다.

상호성에 관한 입장―우정과 중용의 원리

정의와 상호성에 관한 논의는 아리스토텔레스 정의론에서 닻의 역할을 한다는 주장이 있다.[64] 아리스토텔레스는 정의와 관련하여 특히 우정(友情)과 중용의 원칙(Doctrine of means), 중류계급의 역할 등에 관하여 선구적인 주장을 하였다.

1. 우정

우정은 훌륭한 생활(Good life)과 정치생활의 중심과제이다. 폴리스를 논하려면 반드시 우정을 논의해야 한다. 아리스토텔레스의『윤리학』제8~9장은 거의 우정에 관한 글이 대부분을 차지한다.

사람은 친구를 사귀지 않고 인간성(Humanity)을 기대할 수 없다. 친구와 더불어 사람은 더 많이 생각하고 더 많이 행동할 수 있다. 친구와 더불어 사는 사람들은 정의의 필요성을 실감하지 않는다. 사람이 공정할수록 친구를 필요로 하기 때문이다. 수준 높은 우정과 낮은 수준의 우정이 있다. 전자는 평등감, 남에 대한 고려, 상호성, 남의 행복을 바라는 일 등을 포함한다. 후자는 노인 등 상호협조를 필요로 하는 사람과, 젊은이 등이 단순한 쾌락으로 잠시 동안 사귀는 공리적인 우정을 말한다. 전자는 공리성이나 쾌락이 아니라 상호 선의와 애정

---

64) 데이비드 존스턴, 정명진 역, 앞의 책, p.108.

으로 얽힌 우정이다. 우정과 정의는 균형적 상호의무라는 공통기준에
의하여 결합되어 있다. 부모 자녀 간이나 군신 간의 정이(情誼)는 균
형적이 아니기 때문에 유사(類似)우정에 불과하다.

우정은 공동체에 의존하며 모든 공동체는 정치공동체의 부분이다.
따라서 특정의 우정은 특정의 공동체에 의존한다. 선한 마음을 가진
사람들 사이의 의견일치는 단순한 의견의 일치가 아니고 영혼의 상
호성, 즉 정치적 우정이다.[65]

2. 중용의 원리

입법 담당자는 '중용의 원리'에 따라 미덕을 판단할 수 있다. 도덕
적으로 훌륭한 것은 넘치거나 부족해서도 안 된다. 아리스토텔레스의
중용은 산술적인 개념이 아니다. 중용은 널빤지의 지렛대 같은 뜻이
아니고 인식의 상대성에 관련된 개념이다.

훌륭한 것(Goodness) 혹은 매사에 중용을 찾는 일은 결코 쉬운 일이
아니다. 가령 원의 중심을 측정하거나 감정을 발하는 일, 돈을 벌고
소비하는 일 등 일상생활에서 중용을 잡기란 어렵지 않다. 하지만 이
런 일을 적절한 사람(Right person)에게 적절한 정도로 적절한 시기에
적절한 동기를 가지고 적절한 방법으로 수행하는 것은 모든 사람이
쉽게 할 수 있는 일은 아니다. 중용을 찾는 곳은 원의 중심이나 널판
자의 중간이 아니고 부덕(不德)함이 가장 적은 행동을 찾는 일이다.[66]
한마디로 아리스토텔레스의 중용은 법률적이라기보다 윤리적, 사회
적인 차원에 관련되어 있다.

---

65) Mcdonald, 앞의 책, pp.45~46.
66) 위의 책, p.41.

3. 중류계급

아리스토텔레스에 의하면 중용의 원리는 중류계급이 지배하는 사회에서 효과적으로 이루어질 수 있다. 중류계급에 속한 사람들은(부자들이나 가난한 사람들보다) 이성적이며, 현실성 없는 이상에 집착하지 않는다. 노예계급처럼 남을 시기하지 않으며 부자들처럼 남을 경멸하지 않는다. 그들은 이웃 시민들을 평등자요, 동료로서 대하고 깊은 우정을 주고받으며 파벌을 조성하지 않는다. 정치의 실제에서 '공동체란 우정에 의존한다'란 뜻은 깊이 명심해야 한다. 정치사회가 제대로 운영되려면 중류계급의 수가 많아야 한다. 대중이나 부자가 권력을 잡으면 서로를 불신하고 반목하며 결국 정치의 중심을 잃고 흔들리게 된다.[67]

아리스토텔레스는 본성적인 노예와 법적인 노예를 구분하여 논하였다. 전자에 관하여 그는 "사람의 생명은 정신과 육체로 구성되는데 전자는 본성적으로 지배자이고 후자는 피지배자이다. 몸에 대한 혼의 지배는 주인의 지배와 같고, 욕망에 대한 지성의 지배는 정치가나 왕의 지배와 같다. 몸이 혼의 지배를 받고, 감성적 부분이 지성과 이성적인 부분의 지배를 받는 것은 자연스럽고 유익하다. 몸이 혼과 다르고 짐승이 인간과 다른 만큼 인간들도 서로 차이가 있다. 몸을 사용하는 것을 직업으로 삼되 그 일에 최상의 성과를 올릴 수 있는 인간들은 모두 본성적으로 노예에 속한다. 이들은 주인의 지배를 받는 것이 더 낫다. 남에게 소속되어 있는 자는 이성이 있다는 것은 알지만 이성을 갖지 못하는 것은 본성적으로 노예이기 때문이다. 그래서 자

연은 자유인의 몸과 노예의 몸을 구별하고자 노예에게는 천한 일을 감당할 수 있는 강한 몸을 주고 자유민에게는 그에 알맞은 체질을 주는 것이다"[68]라고 하였다.

한편, 후자에 관하여 그는 '법적인 노예란 전쟁법에 따라 일종의 관행으로 패자가 승자의 소유물이 된 자'라고 하였다.

아리스토텔레스의 노예제 이론에 관하여 많은 학자들이 이의를 제기하였다. 그들의 주장에 의하면 사람을 폭력이나 우월한 힘으로 제압하였다고 해서 그의 소유물이 되어야 한다는 것은 부당하다. 그러나 법적 노예제도를 지지하는 학자도 있어서 의견이 분분하다. 혹자는 법도 일종의 정의이므로 스스로 정의의 원칙에 따른다고 생각하며 전쟁에 의한 노예제도는 합법적인 만큼 정당하다고 한다. 하지만 그것은 자가당착이다. 왜냐하면 전쟁의 원인이 정당하지 못할 수도 있고 노예가 되어서는 안 될 사람이 노예가 될 수도 있다. 그리고 가장 고귀한 사람도 그들 자신이나 부모들이 포로가 되거나 팔려갈 때 노예가 되기 때문이다.[69] 아리스토텔레스가 살던 시대에 주인이 노예를 합법적으로 획득하는 방법은 전쟁이나 사냥기술이며 주인은 대개 철학이나 정치에 전념하고 노예를 직접 관리하는 일은 집사(執事)에게 맡겨서 하였다.[70]

아리스토텔레스는 그가 남긴 탁월한 학문적 업적에도 불구하고, 후세의 학자들로부터 그의 노예제 옹호론에 대하여 예외 없는 비판을 받고 있는 실정이다.

---

68) 아리스토텔레스, 천병희 역, 『정치학』(고양, 숲, 2009), p.29.

69) 위의 책, pp.33~34.

70) 위의 책, p.36.

아리스토텔레스의 이론은 또한 도시국가의 울타리를 넘지 못하였다는 한계를 갖고 있다. 그의 제자였던 알렉산더 대왕은 "모든 사람은 세계를 자신의 조국과 같이 생각하라, 선한 사람은 부모와 같이 대하고 악한 사람은 짐승처럼 취급하라"고 말하였다. 그런데 그의 스승은 이미 세상이 바뀌어 폴리스가 소멸하였는데도 "그리스인들을 부모형제처럼 대하고 비그리스인을 짐승처럼 취급하라"고 하였다.[71] 그의 출생과 환경을 살펴보고 그 이유를 따져보자.

아리스토텔레스는 마케도니아 사람이었다

아리스토텔레스는 384년(기원전) 마케도니아의 트레이스(Thrace)에 있는 스타기로스(Stagirus)시에서 태어났다. 마케도니아는 그리스인과 동족이면서도 그 북쪽에 위치하고 있으며 경제가 뒤지고 풍속이 달라서 그리스 사람들로부터 야만인 취급을 받았다. 이러한 지역차별의 풍토가 아리스토텔레스의 생각에 크게 영향을 주었다고 한다. 그리스 지역에 있는 폴리스는 식민지를 합하여 약 1,000개를 헤아리고 아테네 자유민의 수는 약 13~17만, 노예의 수는 10만이었다. 아테네의 위대한 정치가 페리클레스 시대에 희랍은 이른바 '위대한 그리스'라 불렸던 '마그나 그라이키아(Magna Graecia)' 시대를 구가하였다. 아리스토텔레스가 아직 어렸을 때 스타기로스 시는 마케돈(Macedon)의 지배 하에 있었고 후에 마케도니아 왕국에 편입되었다. 아리스토텔레스의

---

71) 조좌호, 『세계문화사』(서울, 박영사, 1984), p.86.

부친은 마케도니아 왕의 시의(侍醫)였는데 아버지가 죽자 그는 아테네에 있는 플라톤의 학원에 들어왔다. 당시 그의 나이 18세였다. 그곳에서 약 20년간 학생 겸 교수로 있었다. 기원전 346년 플라톤 사후 잠깐 동안 소아시아로 갔다가 3년 후 다시 고향으로 돌아와 필립 2세의 아들(당시 13세), 즉 훗날 알렉산드로스 대왕의 사부(師傅)로 초청되어 2년간 그를 가르쳤다. 기원전 336년 그는 다시 아테네로 왔다. 재류외인(在留外人)의 신분이었다. 그 3년 후 알렉산더 대왕이 죽자 그는 너무 터무니없는 일로 대중의 분노를 샀다. 대왕이 죽기 직전 아리스토텔레스의 친척 한 명이 왕에 대한 불경죄로 처형된 일이 있었다. 아리스토텔레스가 그 일에 간여하였으며, 마케도니아의 안티페이터(Antipater, BC. 397~319) 장군과 내통하였다는 오해를 받은 것이다. 76년 전(BC. 399)에 스승의 스승인 소크라테스가 처형된 일을 생각하였을까? 결국 그는 죽음을 피하여 친구와 함께 고향으로 돌아가 그곳에서 다음 해(BC. 322)에 세상을 떴다. 그는 그리스인 정신에 철저했던 비그리스인의 대표적 인물이었다. 역사책을 보면 이런 스타일의 인물들을 흔히 볼 수 있다.

제3장

중세시대의 정의

키케로의 출현

키케로(Marcus Tullius Cicero, BC. 106~43)는 로마 공화정 시대의 법률가요, 스토아(Stoicism) 철학자로 알려져 있다. 다만 '과연 그를 철학자이며 스토아주의자로 볼 수 있는가'의 문제는 학자에 따라 주장이 다르다. 그가 에피큐리언(Epicurian)을 제외하고 플라톤, 아리스토텔레스, 제논(Zeno, BC. 336~264) 등 학자들의 이론을 절충하였다고 하지만 그 구체적인 내용 또한 분명치 않다. 하여튼 그는 스토아사상의 선구자인 제논 사후 160년에, 스토아주의자인 세네카(Seneca, BC. 3~AD. 65)보다 100년 전에 그리고 마르쿠스 아우렐리우스(Marcus Aurelius, 121~180)보다 200년 전에 태어난 사람이다. 스토아사상은 로마에서 그만큼 오래 유행하였음을 알 수 있다.

키케로는 로마 남동쪽 소도시인 아르피눔(Arpinum)에서 기사계급의 아들로 태어나 변호사가 되었다. 그의 출생을 전후하여 로마에서는 노예의 반란이 세 번이나 일어났다. 기원전 135년과 104년에는 시칠리아에서, 기원전 73년에는 이탈리아 남부에서 스파르타쿠스의 노예반란이 일어났다.

키케로는 정치가이면서 학자였다. 그는 중류가정 출신으로 귀족, 특권계급의 독재와 급진주의자들의 폭력을 모두 반대하였다.

기원전 88~80년 벌족당 술라(Sulla, BC. 138~78)와 빈민당 마리우스(Marlius, BC. 155~86) 간의 전쟁 후 그는 술라의 독재를 고발하였다가 그의 보복을 피하여 아테네로 간 일이 있다. 당시(BC. 80) 그는 아버지 살해의 누명으로 구속된 로스키우스 변론에 성공하여 로마 정계에 입성하였을 때였다.

기원전 75년 그는 소아시아 지역에서 돌아와 재무관이 되었고, 기원전 69년 법무관에 선출되어 폼페이우스(Pompey) 지지변론을 하였다. 기원전 63년에는 집정관으로 선출되었다. 때마침 시칠리 행정관 커트린(Catiline, BC. 106~62)의 반란사건이 일어났다. 그가 이 사건을 다루다가 정적의 원한을 샀는데 재판 없이 모반에 가담한 혐의자 5명을 처형한 일이 크게 문제가 되었다.

기원전 60년에 제1회 3두정치(Caesar, Pompey, Crassus)가 실시되었는데 키케로는 그들로부터 소외되었다. 기원전 58년, 호민관 클로디우스(Clodius, BC. ?~52)가 이런 기회를 틈타 그를 탄핵하였다. 키케로는 로마를 떠나 약 4년 동안 그리스에서 『국가론』, 『법률론』을 집필하였다. 당시 로마는 클로디우스와 밀로(Milo) 두 폭력단의 싸움으로 아수라장이 되었는데 결국 밀로가 클로디우스를 살해하여 싸움은 끝났다.

기원전 48년 카이잘이 루비콘 강을 건너와 폼페이우스와 내전을 벌였다. 키케로는 이들 두 사람의 중간에서 상호 타협을 바랄 뿐이었다. 결국 카이잘이 집권에 성공하였는데 그가 말하기를 '키케로는 고

마운 분이었다. 하지만 그는 나를 미워하였다'고 하였다. 카이잘의 1
인 독재에 환멸을 느낀 키케로는 다시 집필에 몰두하였다. 당시『의
무론』등 수십 권의 책을 썼다. 기원전 44년 카이잘이 피살된 후 키케
로는 로마의 공화정을 되살리기 위하여 마지막 투쟁을 벌였다. 그의
이름은 이미 제2차 삼두정치(Antony, Octavian, Lepidus) 세력의 살생부
명단에 올라 있었다. 안토니우스(Mark Antony)를 반대하는 세력의 지
도자로 활동하다가 안토니우스 부하에 의하여 피살되고 말았다. 처형
된 그의 머리와 오른손은 포럼(Forum) 위에 전시되어 만인의 눈길을
모았다.

스토이시즘의 평등사상

알렉산더 대왕의 코스모폴리티즘(Cosmopolitism, 세계동포주의)은 그
의 후계자들에게도 계승되어 동서문명의 융합이 이루어졌다. 이른바
헬레니즘 문화시대를 맞았다. 그것은 한마디로 희랍문화의 동방화요,
동방문화의 희랍화라고 볼 수 있다. 희랍인들은 이제 자신의 영혼 전
체를 의지하던 폴리스 도시국가의 울타리를 걷어버리고 세계 시민으
로서 새로운 역할을 담당하게 되었다. 민족적 특성을 초월한 형제요,
동포로서 모두가 세계국가의 일원이 되어 스스로 살아갈 정신적 해
법을 찾아야 했다. 그 일환으로 스토아사상이 대두하였다.

스토아사상의 대강은 다음 세 가지로 요약할 수 있다.

1. 보편적 우애(Universal Brotherhood)와 노예제도

우주를 지배하는 궁극적인 원리는 로고스(Logos)요, 이성이다. 다소 정도의 차이는 있겠지만 인간은 이성을 가지고 태어났으며 우주 자연의 이법(理法)을 이해할 수 있다. 이러한 이성은 플라톤이 생각한 것처럼 지혜를 가진 철학자만이 아니라 모든 인간이 갖고 있다. 또한 그리스인과 야만인 간의 장벽이 없어지고 서로 다른 인종과 민족을 포용한 대제국에서 모두가 협동하는 시민이 된다. 자연은 어느 곳에서나 차이가 없으며 인간은 이성을 가지고 있기 때문에 모두 세계국가의 형제요, 동포이며 시민이다. 세계 동포애(同胞愛)의 실제적 결과는 노예제도에 관련된다. 이에 대하여 세네카(Seneca, BC. 3~AD. 65)[72]는 다음과 같이 말하였다.

"노예도 우리와 같은 피를 타고 났으며 같은 하늘 아래 웃고, 같이 호흡하며 다 같이 이 땅 위에서 살다가 죽는다. 우리는 모두 자유로운 몸으로 태어났다. 노예와 같은 식탁에 앉아서 식사를 한다고 해서 부끄러울 것이 없다. 탐욕에 사로잡힌 자 스스로 예속을 자초한 사람들보다 더 치욕스런 존재는 없다."[73]

2. 자족(Self-sufficiency)

보편적 우애와 평등사상은 자족, 금욕, 자살의 자유 등 문제와 관련된다. 자기만족을 얻는 능력은 정신적, 육체적 금욕에 의하여 성취할 수 있다. 세네카는 가난이나 공포 특히 폭도들의 난동을 이기는

---

72) 네로황제의 어릴 적 스승이었다. 네로의 과욕에 불안을 느끼고 정계를 은퇴하였으나 후에 반역의 누명을 쓰게 되자 스스로 혈관을 끊고 자살하였다.

73) Mcdonald, 앞의 책, p.78.

방법은 이들로부터 몸을 피하여 멀리 떠나는 것이 상책이라고 믿었다. 하지만 진정한 자유는 마음속에 있으며 자신의 능력에 맞추어 스스로 욕심을 제한하는 사람이 자유롭다고 하였다. 사람은 그들의 한정된 능력의 범위 내에 있는 것과 능력 밖의 것을 구분하고 이에 따른 선택과 실천이 제대로 이루어져야 한다. 따라서 "올바른 선택과 실천으로 금욕할 줄 아는 노예는 자유로울 수 있어도 자제력을 잃고 그릇된 판단으로 살아가는 황제는 노예일 수밖에 없다"라고 하였다.[74]

3. 정치적 의무론

스토아사상을 로마에 전한 희랍의 스토아철학자 파네티우스(Panaetius, BC. 180~109)는 『의무론』을 써서 키케로에게 영향을 주었는데 그 요지는 다음과 같다.

"첫째, 우주는 이성적이고 이성은 인간의 본성이다. 둘째, 이성은 모든 사람들이 갖고 있으며 보편적 우정의 기틀이다. 셋째, 미덕은 사람들로 하여금 고통을 견디고 자족을 구하는 의지의 계율이다. 넷째, 자기극복의 의무는 가장 높은 미덕이다."[75]

스토아철학의 대표적 사상가인 세네카나 마르쿠스 아우렐리우스(Marcus Aurelius, 121~180, 로마의 5현제)는 로마제국의 정치인이고 황제였다. 하지만 그들 주장은 비정치적, 윤리적이었으며 추상적이었다. 의무는 스토아철학에서 주장하는 미덕의 기본이며 스토아철학과 정치를 이어주는 중심적 요인이었다.

스토아사상가들의 자료들을 보면 보편적 우애나 세계 공동체로서

---

74) 위의 책, p.79.

75) 위의 책, p. 73

의 시민의식 외에 구체적인 지역사회의 규범이나 법률규정, 직업 등에 관한 내용은 드물다. 다만 당시 유행하였던 에피큐리언(Epicureans, 쾌락주의자)들이 극히 개인주의적이고 고립적인 쾌락주의에 빠져 있음에 반하여 스토아사상가들이 모든 인류를 하나로 통일시키고 이들에게 세상일에 참여케 하는 이성적 의무를 부여한 것은 큰 변화라고 본다.

키케로의 『의무론』과 정의

키케로의 『의무론』(BC. 44)은 헬레니즘 시기 스토아학파의 윤리사상을 전해준 책으로 서양인들이 가장 많이 애독해온 고전이다. 이 책은 카이잘이 암살된 직후 격심한 정치투쟁의 와중에서 아테네로 유학간 아들을 위하여 쓴 편지형식으로 되어 있다. 그 내용은 주로 도덕적 선과 생활편익의 상충된 가치관에 대한 논의를 담고 있다.

이 책은 제1권-도덕적 선(善), 즉 지식, 정의, 용기, 인내 등 모든 덕목은 어떻게 의무에서 나오는가, 제2권- 생활의 유익함과 편리함, 부와 명예는 의무와 어떻게 다른가, 제3권-이들 가치가 상충하는 경우 우리는 어떻게 행동할 것인가 등에 관한 원칙을 제시하고 있다.

『의무론』은 인간의 이성을 신뢰하고 진리의 절대성을 강조한다. '정의의 기초는 신(神)의 뜻이며 정의롭게 행하는 것은 우리의 의무이다. 다른 사람들에게 손해를 끼치면서 은혜를 베풀지 말 것이며 자신의 재산, 능력보다 더 크게 친절을 베풀지 말라. 의무에 어긋나는 것을 알면서 물질적 이익에 집착하는 일은 옳지 못하며 정의와 편익은 상충될 수 없는 가치다. 따라서 도덕적으로 옳지 못한 일은 결코 유익하지 않다는 것을 명심해야 한다'는 등의 내용이 있다.

정의에 관한 후기의 논쟁에서 의무론은 목적론과 크게 대립하고 있다. 이에 관하여는 공리주의 이론과 롤스의 정의론에서 다시 다루겠다.

키케로는 플라톤의 정의 관념에서 개인과 국가 간의 조화를 강조한 점에 착안하여 정의를 논하였다. 그는 '현명한 국가지도자는 상, 하, 중간계급의 의견 차이를 마치 음률처럼 자연스럽게 조화해나갈 수 있다'고 하였다. 그는 정의에 관한 논의를 그의 『법률론』에서 다음과 같은 대화형식으로 설명하였다.

첫째, 필루스(P. F. Philus, BC. 180~?, 로마의 귀족, 집정관)는 '정의는 관습에 불과하다'는 주장으로 일관하였다. 그의 주장은 플라톤의 『국가론』에 등장하는 소피스트(Sophist) 칼리클레스(Callicles, Gorgias와의 대화에 나온 학자), 트라시마쿠스(Thrasymachus, 소피스트)를 연상케 한다. "만일 정의가 자연적이라면 모든 사람이 같은 법을 가지고 있어야 한다. 하지만 서로 다른 집단이 전혀 다른 법을 가지고 있다. 법은 같은 공동체 내에서도 동등하게 적용되지 않는다. 사람들은 정의감으로 법에 복종하는 것이 아니고 그들이 받는 형벌이 무서워 법을 지킨다. 따라서 법은 사실상(자연히) 강제력이 없다. 플라톤의『국가론』을 보면 선한 자가 고문을 받고 악한 자로 매도되며, 악한 자가 잘살고 정의로운 자로 존경받는 사례가 흔히 있다. 개인의 정의가 국가의 정의란 것이 웬 말인가? 부정의한 지배국가가 되는 것보다는 차라리 정의로운 피지배국가가 되겠다고 말한 어리석은 국가도 있는가? 만일 사람이 자신의 집을 매각할 때, 그 집의 하자(瑕疵)를 자세히 지적해준다면 누가 그를 정의로운 사람이라고 칭찬하겠는가? 그 사람은 바보가 아닌가?" 하였다.

둘째, 위와 같은 주장에 대하여 라일리우스(Gaius Laelius, BC. 186년경, 군인 정치가, 로마의 호민관, 집정관)와 카르네아데스(Carneades, BC. 213경)는 입을 모아, '괴물, 불한당 같다'[76]고 하였다.

참고로 라일리우스는 키케로가 이상적인 로마인으로 존경한 인물이다. 카르네아데스는 난파를 당한 두 사람이 한 조각의 판자를 가지고 서로 목숨을 걸고 싸운 일을 가지고 정당방위 혹은 긴급피란의 문제를 제기하여 이른바 '카르네아데스의 판자'라는 유명한 용어를 남긴 인물이다.

라일리우스는 자연법에 관하여 다음과 같이 말하였다.

"진정한 법, 즉 올바른 이성은 자연과 일치하고 모든 인간에게 적용되며 변하지 않고 영속한다. 법의 명령으로 사람들에게 의무를 부과하고 금령으로 잘못을 경계한다. 법의 명령과 금령은 항상 선한 자들에게 영향을 주지만 악인에게는 효과가 없다. 인간들이 만든 법으로 이 법(자연법)을 무효화할 수 없으며 그것은 도덕적으로 옳지 않다. 자연법은 아테네인과 로마인, 현재와 미래의 구분 없이 똑같이 적용된다. 자연법은 단 하나이고 영원하며 모든 시대, 모든 인간들을 구속할 것이다. 인간을 다스리는 공통의 지배자, 즉 신(神)이 자연법을 주관하고 해석하고 보증한다. 자연을 어기는 자는 자신의 좋은 삶을 포기하는 것이요, 비록 형법상의 벌을 면할 수는 있어도 가장 혹독한 벌을 받게 될 것이다."[77]

---

76) 위의 책, p.8.
77) 위의 책, pp.88~89.

그렇다면 정의란 무엇이며 과연 인간의 법위에 상위의 법이 존재하는가? 이 문제에 관하여 키케로의 다음 이야기는 로마의 법관들에게 많은 영감을 주었다고 한다.[78] 즉, "이성보다 더 완벽한 것은 없으며 이성은 인간과 신(神)에게 공존한다. 인간은 올바른 이성을 가져야하고 다 같이 공유해야 한다. 그 올바른 이성은 법률이다. 우리는 또한 인간이 신들과 함께 법률을 공유하고 있다고 믿는다. 법을 공유한자들은 정의도 공유해야 하며 이들은 모두 같은 공동체의 성원이기때문이다."[79]

시민법, 만민법, 자연법

이에 관하여 가이우스(Gaius, 110~180, Aurelius 황제 시대의 법학자)의 글이 주목된다. 즉, 그는 말하기를 '인간 공동체는 모두 그 사회에 특수한 법률, 관습이 있고, 보편적 인류에게 공통된 법체계의 부문이 있다. 전자는 시민법(Jus civile)에 속한다. 자연적 이성이 세상인류에게 가르친 원리는 모두가 준수해야 하며 이를 만민법(Jus gentium)이라고 한다. 로마법은 로마인들에게만 적용되는 부분이 있고, 모든인류에게 공통으로 적용되는 부분이 있다'[80]라고 하였다. 당시 로마의 노예는 만민법의 이름으로 주인의 지배를 벗어나지 못하고 있었으며, 다른 나라들에서도 노예의 생사(生死)가 주인의 수중에 달려 있

---

78) 위의 책, p.98.

79) Seneca, De legibus, BK 1, ch.7, pp.321~323. 위의 책 p.99에서 인용.

80) The Institute of Gaius Bk 1, Ch.1, 위의 책, pp.98~99에서 인용.

음은 부인할 수 없는 역사적 사실이었다. 그럼에도 가이우스가 '로마 인들이 노예를 부당하게 취급한 것은 불법이다'라고 한 주장은 결국 변명에 불과하다는 비판을 받는다. 자연적 이성으로 노예지배의 권리를 인정하면서 또 한편으로 그 권리의 남용을 방지하는 법을 정당화 해주는 것은 모순이 아닐 수 없다.[81]

5현제의 마지막 황제였던 아우렐리우스(Marcus Aurelius, 121~180)와 동시대의 가이우스(Gaius, 110~180)가 세상을 떠난 후 대로마제국은 혼란을 거듭하며 쇠퇴하기 시작하였다.

아우렐리우스의 아들 코모두스(Commodus, 177~192)는 백성들의 경멸과 증오를 받아 피살되었고 그 뒤를 이은 페르티낙스(Pertinax, 193)는 너무 무능하고 노쇠하여 제위에 오르자마자 쫓겨났다. 카라칼라 (Caracalla, 211~217)는 그의 잔인성과 만행이 극에 달하여 다수의 로마 시민을 매일 같이 도륙(屠戮)할 정도였다. 결국 그는 군대가 모인 광장에서 백인대(百人隊) 대장의 손에 의해 살해되었다.

이런 상황에서 울피아누스(Ulpian, 170~228, 페니키아 출신 로마 법학자)가 가이우스의 자연법에 반론을 제기하였다. 즉, 그는 "만민법과 자연법은 분명히 다르다. 만민법은 자연적 이성의 직접적 결과가 아니다. 그것은 분명한 역사적 근거를 가지고 있으며, 인간의 갈등, 투쟁, 전쟁 등 비이성적 부분이 있다"라고 하였다. 그는 세베루스 (Alexander Severus, 146~211) 시대에 등용되어 많은 업적을 올렸다. 불행히도 228년, 그가 반대파의 손에 의하여 암살된 후 그의 자연법 이론은 한동안 빛을 보지 못하였다.[82]

---

81) Mcdonald, 위의 책, p.99 참조.
82) 위의 책, pp.99~100.

『신약성서』의 정의

예수 생존 시 기록된 문서는 없다. 예수에 관한 가장 오래된 책으로 우리는 『신약성서』를 꼽는다. 이 책은 예수 사후 40년경 「마가복음」에서 시작된다. 그 첫 장에 "하느님의 아들 예수 그리스도 복음의 시작이라(마가복음 1:1)"는 글이 나온다. 그 뒤에 「마태복음」, 「누가복음」, 「요한복음」이 나왔다. 우선 그 내용들을 보면 많은 의문점이 생긴다. 과연 '천국이 이 땅에 도래할 것인가' 아니면 '내적인 천국인가', '예수는 하나님의 아들인가', '아모네나 호세이나처럼 겸손한 스승인가' 등 질문에 대하여 목회자나 학자에 따라 그 해답과 해석이 다르다. 다만 이 책에서는 보통 우리가 알고 있는바, '예수는 구세주요, 머지않아 천국이 도래할 것이다'라는 기독교의 교리에 따라 성서 내용을 분석하려고 한다.

하느님의 정의

정의는 하느님의 기본적 속성의 하나라는 것이 기독교의 가장 중요한 믿음 중 하나이다. 앞에서 이야기한 바와 같이 하느님은 절대자이므로 하느님의 정의는 절대적 정의요, 영원불변의 정의이다. 신앙의 사실들은 이성이나 논리에 근거한 합리적 인식의 한계밖에 있으며 하느님을 믿는 종교적 신앙을 반박하는 유효한 길은 없다.[83] 또한 성서의 번역문은 출판사마다 다소 내용이 다르고 그 해석도 신학자

마다 주장이 달라서 이 책에서는 다만 그 내용만을 열거하고 해석은 하지 않으려고 한다.[84]

하느님의 정의는 믿음을 통하여 나타난다

하느님의 정의는 믿음을 가장 중요시한다.

사도 바울은 그가 스페인으로 가는 도중 로마인들에게 (기독교 교리에 관하여) 쓴 편지에서 다음과 같이 말하였다.

"하느님의 정의는 믿음을 통하여 나타나며, 정의로운 자는 믿음을 통하여 살아가리라(로마서 1:17)."

"하느님의 정의는 예수에 대한 믿음을 통하여 모든 신자들에게 나타난다(로마서 3:22)."

"나의 정의는 율법에 근거한 것이 아니라 예수에 대한 믿음을 통하여 나온 것이다. 신으로부터 나오는 정의는 믿음에 근거를 두고 있다(빌립보서 3:9)."

"우리는 성령에 의한 믿음으로 정의가 실현되기를 열렬히 바란다(갈라디아서 5:5)."

"예수 그리스도 안에서는 할례(割禮: 유대교의 종교의례)를 하고 안

---

83) 한스 켈젠, 박길준 역, 『정의란 무엇인가』(서울, 전망사, 1984), p.42.

84) 이 책은 주로 한스 켈젠(Hans Kelsen)의 미국 캘리포니아 대학 고별강연, 정의란 무엇이냐(What is Justice), 『성서』(대한성서공회, 1977), 『신약전서』(국제기드온협회(The Gideons International) 등을 근거자료로 활용하였다. 다만 이 책에서는 주님을 하느님으로 통일하였다.

하는 것은 효력이 없고 오직 사랑을 통한 믿음뿐이다(갈라디아서 5:6)"
등의 구절이 있다.

바울의 편지를 보면 하느님의 정의는 오직 예수에 대한 믿음을 통
하여 나타난다고 강조하였다.

복음서의 사랑

『신약성서』 복음서를 보면 예수는 '같은 것에는 같은 것'이라는 응
보의 원리를 거부한다. 그 내용을 인용하면 다음과 같다.

「마태복음」

'눈은 눈으로, 이는 이로 갚으라'는 말을 들었겠지만, 나는 너희에
게 말한다. 약한 자와 싸우지 말라, 누구든지 네 오른쪽 뺨을 치거든
왼쪽 뺨도 내주어라(5:38~39).

너에게 간청하는 자가 있으면 주고 빌려달라고 하면 거절하지 말
라(5:42).

나는 너희에게 말한다. 원수를 사랑하고 너희를 핍박하는 자를 위
하여 기도하라. 이 같이 하여 너희가 하느님의 아들이 되었으니 하느
님께서는 악한 자나 선한 자 모두에게 햇빛을 비출 것이며 정의로운
자나 정의롭지 않는 자에게도 비를 내리게 하리라(5:44~45).

너희가 사람들에게 은혜(恩惠)를 베풀 때는 오른손이 한 일을 왼손

도 모르게 하라(6:3).

「누가복음」

원수를 사랑하며 너희를 미워하는 자를 환대(歡待)하라. 너희를 저
주하는 자를 축복해주고 모욕한 자를 위하여 기도하라. 뺨을 치는 자
에게 다른 쪽 뺨을 돌려대 주어라. 구하는 자에게 줄 것이며 네 물건
을 가지고 간 사람으로부터 다시 그것을 되돌려 달라고 하지 말라.
남에게 대접을 받고 싶은 대로 너희도 남을 대접하라(6:27~31).

남을 비판하지 말라 그러면 너도 비판을 받지 않을 것이요, 남을
저주하지 말라 그러면 너도 남으로부터 저주받지 않을 것이다. 용서
하라 그러면 너도 용서를 받을 것이다(6:37).

예수의 가르침은 참으로 혁명적이다. '원수를 사랑하라'는 예수의
요구는 인간성을 초월한다. 하느님의 사랑은 어떤 합리적 이상까지도
뛰어넘는 새로운 믿음의 정의인 것이다.[85]

예수의 새로운 사랑의 정의에 관하여 사도 바울은 고린도인 신자
들에게 보낸 편지에서 다음과 같은 유명한 사랑의 찬가를 썼다. 즉,
"사랑은 오래 참고 사랑은 온유하며, 투기하는 자가 되지 아니하며,
사랑은 자랑하지 아니하며, 교만하지 아니하며, 무례히 행하지 아니
하며, 자신의 이익을 구하지 아니하며, 성내지 아니하며, 악한 것을
생각하지 아니하며, 불의를 기뻐하지 아니하며, 진리와 함께 기뻐하
고 모든 것을 참으며 모든 것을 믿으며 모든 것을 바라며 모든 것을

---

85) 켈젠, 박길준 역, 앞의 책, pp.66~67.

견디리라. 사랑은 언제까지나 떨어지지 아니하며 예언도 폐하고 방언도 그치고 자식도 폐하리라(고린도 전서 13:4~8)" 하였다.

『신약성서』의 응보

『신약성서』의 복음서를 보면 위에서 열거한 것처럼 예수의 인간 이성을 초월한 사랑과 은혜로 가득하다. 동시에 이에 대립되는 예수의 응보적 내용의 행적들이 있다.

「마태복음」

첫째, 신성한 성전에서 장사판을 벌인 사람들에 대한 행적, "예수께서 성전에 들어오시면서 그 안에서 물건을 사고파는 사람들을 모두 쫓아냈다. 돈 바꾸는 환전상(換錢商)의 테이블과 비둘기 장사의 의자를 엎으셨다. 예수께서 그들에게 이르시기를 '내 집은 기도장으로 호칭하도록 문서에 기록되어 있는데 너희들이 강도의 소굴(巢窟)로 만들고 있다(마태복음 21:12~13, 누가복음 19:45~46).'"

둘째, 바리새인들에 대한 태도, 바리새파 사람들(Pharisees)은 예수 생존 당시 유대교 경건주의적 분파이며 그리스도교의 논적(論敵)으로 알려져 있다. 기원전 2세기경 이 파에 속한 율법학자들은 이스라엘이 그리스 문화의 영향을 받아 헬레니즘화 됨에 따라 그 고유의 문화와 신앙을 지키기 위하여 평신도 운동을 일으켰다. 기원후 로마군이 예루살렘을 파괴한 이후에 이들은 유대교의 배타적 지배층이 되었다.

후대에 와서 이들은 위선자의 대명사로 비판의 대상이 되고 있다. 아마도 그것은 다소 과장된 표현이고 종교적으로 진지한 면이 있다는 주장이 있다. 하여튼 이들 바리새인들에 관하여『신약성서』에는 다음과 같은 여러 과격한 응보의 구절이 있다.

"오, 슬프구나! 율법학자, 바리새인, 위선자들이여, 너희는 사람들 앞에서 천국의 문(門)을 닫고 너희도 들어가지 않으면서 다른 사람들도 못 들어가게 하다니." "율법학자, 바리새인들, 위선자들아, 너희는 교인(敎人) 한 사람을 얻기 위하여 바다와 육지를 두루 다녔다. 그러다가 만일 교인을 얻으면 그를 너희보다 갑절이나 더 악한 지옥의 자식이 되게 하고 있다(마태복음 23:13∼15)."

"눈멀고 어리석은 자들이여, 황금과 황금을 거룩하게 하는 성전 중 어느 것이 더 중요한가? 성전보다 성전의 황금을 더 알고 제단을 두고 한 맹세보다 제단 위의 재물을 더 중히 여기니 슬프도다. 사실 제단을 두고 한 맹세는 제단과 그 위에 있는 모든 것을 두고 한 맹세이고 성전을 두고 한 맹세는 성전과 그 안에 계신 분을 두고 한 맹세인 것이다. 또 하늘을 두고 한 맹세는 하느님의 옥좌와 그 위에 앉으신 분을 두고 한 맹세이다(마태복음 23:15∼22)."

"율법학자들, 바리새파 사람들아, 너희는 정의와 자비와 신의(信義) 등 아주 중요한 율법을 함부로 하는구나. 이 눈먼 인도자들아 하루살이 같은 미물(微物)은 걸러내면서 낙타 같은 큰 것은 바로 삼키는구나. 너희의 잔과 접시의 겉면은 깨끗하지만 그 속에는 착취와 탐욕이 가득하다. 너희는 겉은 그럴싸하게 보이지만 그 속에는 죽은 사람의 뼈와 썩은 것이 가득 차 있는 무덤과 같다. 겉으로는 옳은 사람처럼 보이지만 속은 위선과 불법으로 가득 차 있다(마태복음 23:23∼27)."

"이 뱀 같은 자들아, 독사의 족속들아, 너희가 지옥의 형벌을 어떻게 피하랴', '나는 예언자들, 지혜 있는 자들, 율법학자들을 너희에게 보내겠다. 그러나 너희는 그들을 죽이고 혹은 십자가에 못 박고 회당에서 채찍질하며 이 동네 저 동네로 잡으러 다닐 것이다. 그래서 무죄한 아벨의 피로부터 성전과 제단 사이에서 살해된 바라키아의 아들 사가리아의 피에 이르기까지 땅에서 흘린 모든 무죄한 피 값이 너희에게 돌아갈 것이다. 분명히 말해둔다. 이 모든 죄에 대한 형벌이 이 세대에 내리고야 말 것이다(마태복음 23:33~35)."

예수는 기존의 율법체계에 대하여 혁명적 변화를 선언하였다고 본다. 여기서 바라키아(Barachias)의 아들 사카리아(Zekariah)는 『구약성서』 역대기하(24:20)에 나오는 여호야다(Jehoiada)의 아들 사제 사카랴와 동일한 인물로 알려져 있다. '바라키아'나 '여호야다'는 모두 '복 받은 자(The Blessed one)'를 해석한 같은 뜻의 말이다.

예수의 가르침–부모 사랑과 재물에 관하여

예수는 하느님이 자기에게 '남을 도와주고 가르치면서 특별한 생활'을 할 것을 원하고 있음을 확신하고 있었다. 그는 가정이나 수입, 의지할 수 있는 벗들도 없이 카페르나움⁸⁶⁾을 향해 설교 길에 나섰다.

---

86) 이스라엘 갈릴리호 북서부 연안에 있는 고대도시이다. 예수의 제2고향이라고 한다. 이곳에서 이 지역 출신 베드로, 안드레아, 마태오를 제자로 삼고 많은 기적을 일으켰다.

후에 열두 제자들도 스승의 전도에 감동되어 가정과 직업을 포기하고 그 길을 따랐다. 예수의 가족 및 재산에 관한 말씀, 박해받은 사람들에 대한 복음 등 다음에서 그 내용을 알아보자.

하느님의 뜻은 효도에 앞선다

"어떤 사람이 주님에게 다가와서 '제가 무슨 선한 일을 하여야 영생을 얻으리이까' 하자, 예수께서 말씀하시기를 살인하지 말 것, 간음하지 말 것, 도둑질하지 말 것, 거짓 증언하지 말 것, 그리고 네 부모를 공경하고, 네 이웃을 네 몸처럼 사랑하라(마태복음 19:16~19)" 하였다.

하지만 예수께서는 내 부모 내 형제에 앞서 하느님의 뜻을 더 중하다고 가르쳤다. 즉, "당시 예수의 어머니와 형제들이 밖에 와 예수를 불러달라고 사람을 들여보냈다. 둘러앉았던 군중이 예수에게 '선생님, 선생님의 어머니와 형제들이 밖에서 찾으십니다' 하고 말하였다. 예수께서는 '누가 내 어머니이며 내 형제들이냐?' 반문하고 사람들을 가리키며 말씀하기를 '바로 이 사람들이 내 어머니요, 형제들이다. 하늘에 계신 내 아버지의 뜻을 실행하는 사람이 곧 내 형제자매요, 어머니이다'라고 하셨다(마태복음 12:46~50, 마가복음 3:31~35, 누가복음 8:19~21).'"

"예수님 말씀 중 군중 속에 한 여자가 큰 소리로, '당신을 낳아서 젖을 먹인 여인은 얼마나 행복합니까?' 하자 예수께서 '하느님 말씀

을 듣고 그 말씀을 지키는 사람들이 오히려 행복하다'고 말씀하셨다
(누가복음 11:27～28)."

사도 바울이 에베소인들에게 보낸 편지(바울이 감옥에서 썼다는
설과 그 제자가 썼다는 설이 있다)에서도 다음 글이 있다.

"자녀들아, 부모를 주 안에서 순종하라. 네 부모를 공경하라. 이는
약속을 지켜야 할 첫 계명이다. 계명을 잘 지키는 사람은 행복하고
이 땅에서 장수하리라. 부모들은 자녀들에게 노여움을 주지 말고 주
님의 교양과 훈계로 자녀를 양육하라(에베소서 6:1～4)" 하였다.

부모님께 효도하고 자녀를 가르치는 일을 주님의 가르침이나 계율
에 따라야 한다는 뜻이다. 예수의 열두 제자들은 스승의 가르침에 매
우 감동되어 자신들도 가족, 직업을 모두 포기하였다. 당시 유대교의
신을 섬기는 방식은 그에 관련된 종교적 관습과 율법이 너무 번폐스
럽고 복잡하였다. 거리를 떠도는 가난한 사람들은 그와 같은 율법을
지킬 만한 아무런 여유가 없었다. 율법학자와 유대인 목사들은 이들
을 죄인시하고 형식상의 율법에 너무 치중하여 그 본래의 정신을 망
각하고 있었다.

예수는 이러한 폐습을 지양하고 그 근본적인 변혁을 무엇보다도
가정에서 비롯해야 한다고 보았다. 주님의 가르침은 절대적 보편성을
가진 규준으로 플라톤의 '이데아'와 같은 맥락에서 이해할 수 있다.

유교에서는 부모에 대한 효(孝)와 우애(友愛)를 본(本)으로 수신제가
(修身齊家)가 치국평천하에 앞섰다. 부모에 대한 효도는 대개 가풍(家
風) 혹은 가품(家品)이라 하여 집안마다 서로 다른 고유의 예법, 풍습
을 가르쳤다. 가가례(家家禮)란 말도 있다.

반면 예수는 하나님 나라를 위하여 가족적 유대의 해체를 요구하

였다. 가족의 유대를 부정하는 다음 구절들을 보면, '천국'은 이미 이 땅에 도래(到來)하기 시작하였으며 예수께서 하느님 아들임을 확신하고 있다는 것을 짐작할 수 있다.

"내가 이 세상에 평화를 주러온 줄로 생각하지 말라. 평화가 아니라 칼을 주러왔다. 나는 아들은 아버지와 맞서고, 딸은 어머니와, 며느리는 시어머니와 서로 맞서게 하려고 왔다. 사람의 원수가 바로 자기 집안 식구이다. 아버지나 어머니를 나보다 더 사랑하는 사람은 나에게 합당치 아니하고, 아들이나 딸을 나보다 더 사랑하는 사람도 나에게 합당치 않다. 또 자기 십자가를 지고 나를 따르지 않는 사람도 나에게 합당치 않다. 자기 목숨을 얻은 자는 잃을 것이요, 나를 위하여 자기 목숨을 잃은 자는 얻을 것이다(마태복음 10:34~38)."

"나는 이 세상에 불을 지르러 왔다. 이 불이 이미 타올랐다면 얼마나 좋았겠느냐, 내가 받아야 할 세례가 있다. 이 일을 다 겪어낼 때까지는 내 마음이 얼마나 괴로울지 모른다. 내가 이 세상을 평화롭게 하려고 온 줄 아느냐, 아니다. 사실은 분열을 일으키러 왔다. 한 가정에 다섯 식구가 있다면 이제부터는 세 사람이 두 사람을 반대하고 두 사람이 세 사람을 반대하여 갈라지게 될 것이다. 아버지가 아들을 반대하고 아들이 아버지를 반대할 것이며 어머니가 딸을 반대하고 딸이 어머니를 반대할 것이며 시어머니가 며느리를 반대하고 며느리가 시어머니를 반대하여 갈라질 것이다(누가복음 12:49~53)" 하였다.

부자들에 대한 단죄

야고보의 편지에는 다음 글이 있다.

"아무리 부유한 사람이라도 들에 핀 꽃처럼 사라지기 마련이다. 해가 떠서 뜨겁게 내리쬐면 풀은 마르고 꽃은 져서 그 아름다움이 없어진다. 부자도 자기 사업에 골몰하는 동안에 죽어버리고 만다(야고보 1:9∼11)."

"부자들아, 너희들에게 닥쳐올 비참한 일들을 생각하고 울며 통곡하라. 너희들의 재물은 썩었고 많은 옷가지들은 좀먹어버렸다. 금과 은은 녹슬었고 그 녹은 장차 너희들을 고발할 증거가 되어 불처럼 너희들의 살을 삼키리라. 너희는 말세에도 재물을 쌓았다. 너희는 밭에서 일한 일꾼들의 품삯을 가로챘으니 그들의 아우성이 주님의 귀에 들리고 있다. 너희는 사치와 쾌락, 욕심이 가득하니 도살당할 날이 눈앞에 와 있다. 너희는 죄 없는 사람을 단죄하고 죽였다. 그럼에도 그들은 너희에게 대항하지 않았다(야고보 5:1∼6)."

재물을 소유하지 말고 하늘나라에 바치라는 내용이 있다. 즉

"너의 전대에 금, 은, 동을 가지고 다니지 말라(마태복음 10:9)."

"너희를 위하여 보물을 땅에 쌓아두지 말라. 좀과 도둑이 구멍을 뚫고 훔쳐간다. 오직 너희를 위하여 보물을 하늘에 쌓아두라. 그곳은 좀이나 도둑이 없다(마태복음 6:19∼20)."

"예수께서 말씀하시기를 너희가 온전하고자 하면 너희들 소유물을 팔아 가난한 자들에게 주어라. 그러면 하늘로부터 보화(寶貨)를 얻게 될 것이다. 그런 후에 나를 따르라(마태복음 19:21)."

"베드로가 나서서 저희는 모든 것을 버리고 주님을 따라 왔다고 말하였다. 예수께서 말씀하시기를 나는 분명히 말한다. 누구든지 나를 위하여 또 복음을 위하여 가정, 부모, 형제자매나 자녀, 토지를 버린 사람은 이 세상에서 그 백배나 보상을 받을 것이다. 또한 핍박을 받고 내세에는 영생을 얻게 될 것이다(마가복음 10:29~30)" 하였다.

예수는 희망에 관한 특별한 전도를 위하여 카페르나움을 찾아갔다. 그들 중에는 해마다 예루살렘에 있는 신전에 바쳐야 할 특수한 공물을 마련할 여유가 없는 사람이 많았다. 목사들은 하나님의 은총을 받으려면 그런 공물을 많이 바쳐야 한다고 하였다. 이에 대한 해답으로 예수께서는 회개하는 마음, 순결한 생활이 값비싼 공물보다 백배나 더 귀중하다고 가르쳤다.[87]

부자는 천국에 들어가기 어렵다

"부자가 천국에 들어가는 것은 낙타가 바늘귀로 들어가는 것보다 어려우니라(마태복음 19:23, 마가복음 10:23~25)"라는 유명한 성서구절이 있다.

예수의 부자에 관한 일련의 반경제적 태도는 하느님 나라가 임박해오고 있으며, 바로 그곳에 현존하고 있다고 믿었던 그의 생각과 관련된다. 하느님 나라에서는 하느님이 직접 백성들의 의식주 문제를 해결해주시기 때문에 별다른 노력이 필요 없다는 뜻이다.[88]

---

87) 로즈, 힐즈, 한교석 역, 『세계의 8대 종교』(서울, 상지문화사, 1974), p.205.

산상교훈

　「마태복음」 제5장의 '산상교훈'은 정의와 평화를 사랑하고 박해받는 사람들에게 전하는 예수님의 복음이다.

　"예수께서 무리를 보시고 산에 올라앉으시자, 제자들이 곁으로 다가왔다. 예수께서 말씀하시기를,

　'마음이 가난한 사람은 행복하다. 천국이 그들의 것이다.

　슬퍼하는 사람은 행복하다. 그들은 위로를 받을 것이다.

　온유한 사람은 행복하다. 그들은 땅을 차지할 것이다.

　정의를 갈망하는 사람은 행복하다. 그들은 만족할 것이다.

　자비를 베푸는 사람은 행복하다. 그들은 은혜를 입을 것이다.

　마음이 깨끗한 사람은 행복하다. 그들은 하느님을 뵙게 될 것이다.

　평화를 위하여 일하는 사람은 행복하다. 그들은 하느님의 아들이 될 것이다.

　정의를 위하여 일하다가 박해를 받은 사람은 행복하다. 하늘나라가 그들 것이다.

　나로 인하여 모욕을 당하고 박해를 받으며 터무니없는 말로 비난을 받는 사람들은 행복하다. 기뻐하고 즐거워하라. 너희가 받을 큰 상이 하늘에 마련되어 있다. 옛 예언자들도 이 같은 박해를 받았다(마태복음 5:1∼12).'"

---

88) 한스 켈젠, 박길준 역, 앞의 책, p.75.

가난한 자에게 희망을 주는 복음

예전에 부자 한 사람이 있었다. 그는 화사하고 값진 옷을 입고 날마다 즐겁고 화려한 생활을 하였다. 그 집 대문간에는 라자로라는 한 거지가 종기투성이의 몸으로 누워 있었다. 그는 부자의 식탁에서 떨어진 음식으로 주린 배를 채우려 하였다. 그때 개들이 와서 그의 종기를 핥고 있었다. 얼마 후 그 거지가 죽었다. 그는 천사들의 인도를 받아 아브라함의 품에 안겼고 부자는 죽어서 땅에 묻혔다. 부자가 죽음의 세계에서 고통을 받다가 눈을 들어보니 멀리 떨어진 곳에서 아브라함이 라자로를 품에 안고 있었다. 그는 큰소리로 "아브라함 할아버지, 저를 불쌍히 보시고 라자로를 보내어 그 손가락으로 물을 찍어 제 혀를 축이게 해주십시오. 저는 이 불꽃 속에서 심한 고통을 받고 있습니다" 하고 애원하였다. 아브라함은 "애야, 너는 살아 있는 동안에 온갖 복을 다 누렸지만 라자로는 불행을 모두 겪었다. 그래서 그는 지금 여기서 위안을 받고 있으며 너는 거기에서 고통을 받고 있다. 또한 너와 우리 사이에는 너무 넓은 틈이 있어 서로 오갈 수가 없다"라고 대답하였다(누가복음 16:19~27).

하지만 가난은 예수도 어찌할 수가 없다고 하였다. 즉, "가난한 사람들은 언제나 너희 곁에 있지만 나는 너희와 언제까지나 함께 있지 않을 것이다(마태복음 26:11, 마가복음 14:7)"라고 하여 가난의 책임을 인간사회의 몫으로 규정하였다. 다만 적극적으로 노력하는 사람들에게는 필시 보상이 있다는 확신을 주고 있다. 즉, "구하라, 받을 것이다. 찾으라, 얻을 것이다. 문을 두드려라, 열릴 것이다. 누구든지 구하면 받고 찾으면 얻고 문을 두드리면 열릴 것이다. 너희는 악하면서도 자기 자녀에게는 좋은 것을 줄 줄 아는데 하물며 하늘에 계신 아버지께서 구하는 사람에게 더 좋은 것을 주시지 않겠는가(마태복음 7:7~11)” 하였다.

종말론과 재림

종말론은 가장 어렵고 논란이 많다. 성서의 구절이 애매할 뿐 아니라 학자들마다 상반된 해석을 하기 때문이다.

우선 하느님의 나라가 이미 이 세상에 도래하였다고 해석되는 구절을 소개하면 다음과 같다.

“예수께서 말씀하시기를 과연 엘리야(메시아의 선구자)가 와서 모든 준비를 갖추어 놓을 것이다. 그런데 실상 엘리야는 벌써 왔다. 사람들이 그를 알아보지 못하고 제멋대로 다루었다(마태복음 17:12).”

“복음을 전하며 말씀하시기를 때가 되어 하느님의 나라가 다가왔다. 회개하고 이 복음을 믿어라 하시더라(마가복음 1:15).”

“하느님 나라가 오는 것을 눈으로 볼 수는 없다. 또 보아라, 여기 있다, 저기 있다 말할 수도 없다. 하나님 나라는 바로 너희 가운데 있다(누가복음 17:21).”

“내 아버지께서 나에게 왕권을 주신 것처럼 나도 너희에게 왕권을 주겠다. 너희는 내 나라에서 내 식탁에 앉아 먹고 마시며 옥좌에 앉아 이스라엘의 열두 지파를 심판하게 될 것이다(누가복음 22:29~30).”

"이와 같이 너희도 이런 일들(하느님 나라의 나타나심)이 일어나는 것을 보거든 하느님 나라가 온 줄 알아라. 나는 분명히 말한다. 이 세대가 없어지기 전에 이 모든 일이 일어나고야 말 것이다. 하늘과 땅은 사라질지라도 내 말은 결코 사라지지 않을 것이다(누가복음 21:31~32)."

한편 하느님 나라가 앞으로 올 것이라는 내용은 다음과 같다.

"너희는 그 날짜(하느님 오시는 일)와 시간을 알지 못할 것이다. 하지만 항상 깨어 있으라(마태복음 25:13)."

"그 날짜와 시간은 아무도 모른다. 하늘에 있는 천사도 모르고 아들도 모르고 오직 아버지만 알고 계신다. 그때가 언제 올지 모르니 조심해서 항상 깨어 있으라(마가복음 13:32~34)."

"너희가 생각지도 못한 때에 올 것이니 항상 준비하고 있으라(누가복음 12:40)" 하였다.

예수와 초대 교회는 종말이 임박하고 있다고 기대하였다. 이런 기대는 그들의 삶을 오직 미래지향적으로 만들었다. 그 후 사도들은 재림이 기대하였던 대로 오지 않는 사실에 직면해야 했고 결과적으로 세상 종말은 먼 미래에 있을 것으로 생각이 바뀌었다.[89] 이런 삶은 자연히 미래지향적 삶에서 현재지향적 삶으로의 변화를 가능하게 하였다. 하지만 예수의 종말론에 이미 현재적 성취의 면이 있으며 그의 수난과 재림의 중간기 가능성도 있기 때문에 두 입장이 모두 근거가 있다고 한다.[90]

---

89) H. Conzelman, *The Theology of St. Luga*(N. Y. Harper & Row, 1960), 김득중, 『복음서 신학』(서울, 컨콜디아사, 2007), p.200 참조.
90) 위의 책, p.201.

주기도문

다음은 기독교 신자들이 매일 드리는 주기도문이다.

하늘에 계신 우리 아버지

온 세상이 아버지를 하느님으로 받들게 하시며

아버지의 나라가 오게 하시며

아버지의 뜻이 하늘에서와 같이

땅에서도 이루어지게 하소서

오늘 우리에게 필요한 양식을 주시고

우리가 우리에게 잘못한 이를 용서하듯이

우리의 잘못을 용서하시고

우리를 유혹에 빠지지 않게 하시고

악에서 구하소서.

나라와 권세와 영광이 영원토록 아버지의 것입니다. 아멘.

"너희가 남의 잘못을 용서하면 하늘에 계신 아버지께서도 너희를 용서하실 것이다. 그러나 너희가 남의 잘못을 용서하지 않으면 아버지께서도 그 잘못을 용서하지 않을 것이다(마태복음 6:7~15)."

최후심판의 정의

이 땅에 아버지의 나라가 오시고, 아버지의 뜻이 이루어지면 완전한 세계, 즉 절대적으로 정의로운 세계가 이루어진다는 뜻이다. 그 정의는 조만간 행하여질 최후의 심판에 의하여 실현되며 그 내용은 철저한 응보적 성격을 담고 있다. 즉, "예수께서 말씀하시기를 내가 진실로 너희에게 이르노니 심판의 날이 오면 소돔과 고모라 땅이 오히려 견디기 쉬울 것이다(마태복음 10:15)."

"세상의 종말에도 이와 같을 것이다. 천사들이 나타나 선한 사람들 중 악한 자를 골라내어 불구덩이에 던져 버릴 것이다. 그곳에서 악한 자들은 가슴을 치며 통곡할 것이다. 예수께서 말씀을 마치시고 지금 한 말을 모두 알아듣겠느냐 하고 묻자 제자들이 예 하고 대답하였다(마태복음 13:49~51)."

"그때(최후의 심판 때)가 오면 무서운 환란을 겪을 터인데 이런 환란은 창세기로부터 없었고 앞으로도 다시는 없을 것이다. 하나님께서 그 고생할 기간을 줄여주시지 않는다면 살아남을 사람은 하나도 없을 것이다. 다만 뽑힌 사람들을 위하여 그 기간을 줄여주실 것이다(마태복음 24:21~22, 마가복음 13:19~20, 누가복음 21:20~24)" 등의 구절을 들 수 있다.

복음서에서 최후의 심판관으로 그려진 '사람의 아들'이란 바로 메시아인 예수 자신임은 의심의 여지가 없다. 즉, "아버지께서 아무도 심판하지 아니하시고 모두 아들에게 그 심판을 맡기셨다(요한복음 5:22)"는 구절에서도 확인할 수 있다. 이 심판은 응보적 정의의 집행이다.

이는『구약성서』의 응보원리(복수의 하나님)와 같으며『신약성서』 산상설교의 새로운 정의(사랑의 하나님)와 배치된다는 비판이 제기되고 있다.[91]

물론 성서가 지니고 있는 '하나님의 말씀'을 분석하는 것은 형식상의 일면에 불과하고 복음의 진리 전체를 말할 수 있는 것은 아니다. 하나님의 말씀이란 결코 대상화할 수 없기 때문이다.

십자가는 종말론적 사건이다

「로마서」의 다음 구절은 의미심장한 뜻을 함축하고 있다. 즉, "세례를 받고 그리스도 예수와 하나가 된 우리는 이미 예수와 함께 죽었다는 것을 모르십니까, 우리는 세례를 받고 죽어서 그분과 함께 묻혔습니다. 그래서 그리스도께서 아버지의 영광스러운 능력으로 죽은 자들 가운데서 다시 살아나신 것처럼 우리도 새 생명을 얻어 살아가게 된 것입니다(로마서 6:1~4)."

바울이 로마인들에게 보낸 이 편지의 뜻을 풀이하여 유동식 교수는 "이런 신앙에 의하여 인간은 과거성(죽음)의 속박으로부터 해방되었으며 실로 하느님이 주신 선물로서의 미래를 향하여 자기를 열고 자기를 투입하고 있는 것이다. 신앙은 이러한 삶의 존재양식이며 이곳에 인간은 이 세상, 죄의 사망으로부터 자유를 얻게 된다"라고 평하였다.[92]

---

91) 한스, 켈젠, 박길준 역, 앞의 책, pp.56~57.

교부철학자 성 아우구스티누스의 정의론

교부철학이란 기독교의 교리를 합리적으로 체계화한 학문을 말하며 아우구스티누스는 그 대표적 학자이다.

아우구스티누스(St. Augustine, 354~430)는 북아프리카 누미디아(Numidia, 현재 Algeria 북안에 있는 Souk)에서 라틴계 시의원의 아들로 태어났다. 그 지역은 현재 불모의 땅이지만 당시는 꽤 부유한 농업 지역이었다. 어머니는 독실한 기독교인으로 신앙심이 깊어서 교회로부터 성도(Sainthood, 聖徒)의 칭호를 받았다. 부친을 사별한 뒤 그는 친구의 도움으로 카르타고(Carthage) 지역에 가서 수사법(Rhetoric)을 배웠다. 374년 그곳에서 낳은 두 살배기 사생아를 데리고 고향에 돌아왔다.

그는 키케로(Cicero)의 『호르텐시우스(*Hortensius*)』를 읽고 철학에 관심을 가졌다. 그의 기독교에 대한 신앙은 384년 밀라노에 정착하여 플로티누스(Plotinus, 204~270)의 신플라토니즘(Neo-platonism)과 앰브로즈(Ambrose, 340~397, 밀라노 주교)를 접한 후부터였다.

그의 『신국론』[93]에서 국가의 본질은 정의와 평화의 실현에 있고, 신으로 향하는 국가, 신에의 사랑에 근거를 둔 국가만이 현실적으로 정의의 나라라고 보았다. 참된 정의는 신(神, 예수)[94]이 세운 공동체요, 신의 사랑에 근거한 국가에서만 가능하며, 로마와 같은 현실국가

---

92) R. Boltman, *New Testament and Mythology*, 『성서의 실존론적 이해』, 유동식 역(서울, 신앙사, 1969), pp.114~119.

93) Augustine, *Concerning the City of God against the Pagans*, trans, by H. Bettenson Penguine Harmondsworth (1977).

94) 아우구스티누스의 삼위일체설에 의하면 성부와 성자와 성령은 동일한 실체요, 세 하느님이 아니라 한 하느님이라고 하였다. 예수께서 '나와 아버지는 하나이다(요한복음 10:30)'라고 한 구절이 있다.

에서는 진정한 평화도, 정의도, 질서도 이룰 수 없다고 하였다. 그는 로마의 인구자원을 확보하기 위하여 여인들을 납치하였던 로뮤러스 형제의 이른바 '사빈느 여인의 강탈(The Rape of Sabine)'[95] 사건을 예로 들며 그런 식으로 나라를 유지하려 한다면 그것은 결코 정의로운 일이 아니라고 하였다.

아우구스티누스는 "이 세상에서는 정직한 사람이 부당하게 고통을 당하고, 사악한 자의 비행이 처벌되지 않고 있는 것이 분명하다. 따라서 이러한 잘못이 시정되고 완전한 정의가 회복되지 않는다면 하느님의 영구법은 이해할 수 없다"[96]고 하였다. 또한 아우구스티누스는 기독교의 출현을 세계 역사의 전환점으로 보았다. 그에 의하면 "이 세상은 악의 세력과 선의 세력 간 싸움, 즉 신앙자와 불신앙자 간의 투쟁이며 은혜를 받은 자들은 신국을 세우고, 그렇지 않는 자들은 조만간 몰락하게 될 타락한 세속국가의 질서 속에 있다. 하느님이 인간의 모습으로 탄생하여 구원된 자와 버림받은 자를 분리하시고 마지막으로 최후의 심판을 하게 된다. 최후의 승리는 신국이 차지할 것이지만 이들 두 종류의 세력은 국가, 교회, 모든 기관에 혼재하고 있어 분명하게 구별할 수 없다. 다만 최후의 심판에 이르러서 비로소 확인된다"[97]라고 하였다.

아우구스티누스의 정의는 그리스도교적 유일신 혹은 인격적인 신앙에 입각하고 있다. 그런 의미에서 범신론(汎神論)이나 이신론(理神論)[98]과 구별된다.

---

95) 로마의 창시자인 로뮤러스(Romulus) 형제가 사빈느족 여인들을 강탈하여 인구자원을 확보하였다. 후에 양 지역 간 싸움에서 이미 로마인의 어머니가 된 여인들의 중재로 결국 화해를 하였다는 이야기다.

96) 이규하, 『서양사의 심층적 이해』(서울, 신서원, 2004), p.129.

97) Iring Fetscher, Herfried Munkler(eds), *Pipers Hanbuch der Politischen Ideen Band* 1(Zurich Peer), p.164, 이규하, 앞의 책, p.141에서 인용.

98) 범신론(Pantheism)자는 모든 사물에 신이 존재한다고 주장하고, 이신론자(Deism)는 17~18세기 계몽주의

그에 의하면 '우주의 창조자이며 유일한 초월적 존재인 신의 정의가 있는 곳에 참된 질서와 영원한 평화가 있다. 정의는 최고의 사랑, 즉 창조주에 존재하며 그것은 사랑의 질서이다. 정의는 모든 사람에 대하여 고유한 가치 정도를 부여하고 일정한 질서를 이루게 하며 이로 인하여 육신이 영혼에, 영혼이 창조주에 종속되는 것을 보여주는 것이다. 정의의 임무는 각자에게 그의 것을 주는 것이다. 그에 의하여 인간 자신 안에 올바른 자연질서가 있게 된다'[99]고 하였다.

철학적으로 보아 아우구스티누스에게는 플라톤의 실체적 이념이 '신의 예지'가 되었고, 아리스토텔레스의 이신론적인 지성(Nous)이 세계를 초월하는 창조주가 되었다. 또한 스토아철학의 비인격적인 세계이성이 인격적인 전지전능의 신이 되었다.[100] 그는 "창조주는 그의 전능으로 세계를 지배하고 그의 섭리로 세계를 이끌며 그의 영구법으로 세계를 다스린다"라고 하였다.[101]

로마제국과 교회

로마는 옥타비아누스(Octavianus, BC. 31~AD. 14) 이후 칼리굴라(Caligula, 37~41년 재위), 네로(Nero, 54~68년 재위) 같은 폭군이 나오기도 하였지만 1세기 말부터 5현제(5賢帝, Nerva, Trajanus, Hadrianus,

---

시대의 종교관으로 신은 초연하고 이 세상은 합리적, 자연법칙에 따라 기계적으로 움직인다는 주장이다.

99) 강두호, 『자연법 사회의 윤리』(고양, 인간사랑, 2003), p.178.

100) H. A. Rommen, *The Natural Law*, Indianapolis, Library Fund, Part 1, p.37. 강두호, 위의 책, p.330에서 인용.

101) 위의 책, p.33.

Antonius Pius, Marcus Aurelius, 96년부터 161년까지 재위함)가 잇따라 제위를 이어 이른바 로마의 평화시대(Pax Romana)를 열었다. 다음으로 이어지는 군인 황제시대는 49년(235~284) 동안 36명의 황제가 군대에 의하여 폐위되었다.

한편 기독교 교도들은 네로황제 이래 수많은 순교자들이 박해를 받는 동안 그 세력이 하층민으로 확대되었다. 그뿐 아니라 상층에도 신자 수가 증가하여 각지에 교회가 세워지고 복음서가 편찬되었다. 4세기에 이르러서는 국가권력으로도 그 세력의 확장을 어찌할 수 없게 되었다.

콘스탄티누스(Constantinus, 306~337 재위) 황제는 드디어 313년 밀라노 칙령으로 그리스도교를 공인하고 그 후 테오도시우스 황제(Theodosius, 379~395 재위)대에 그리스도교를 국교로 삼아 다른 종교를 금하였다.

375년부터 게르만 민족의 대이동이 시작되었다.

395년 테오도시우스 황제 사후 로마는 두 아들에 의하여 동서로 나누어졌다. 서로마는 476년 게르만출신 오도아케르(Odoacer, 434~493) 용병대장에 의하여, 동로마는 1453년 오스만튀르크에 의하여 멸망하였다.

726년 비잔틴 황제 레오 3세가 내린 우상금지령을 계기로 동서교회가 치열하게 대립하였다. 로마 교황은 우상숭배가 게르만 민족의 포교에 효력이 있고 교황청의 수입에 도움이 된다고 보아, 그리스도, 마리아, 성자(聖者)들의 화상을 사용하였다. 결국 동서의 양 교회는 교황을 수장으로 하는 로마가톨릭교회와 황제가 교황을 겸하는(황제교황주의) 동로마 비잔틴제국의 그리스정교로 분열되었다.

한편, 962년 동프랑크 오토대제(Otto 1, 936~973 재위)는 교황으로부터 대관을 받아 신성로마제국의 황제가 되었다.

11세기경 교황 그레고리 7세(Gregory 7, 1073~1085 재위)가 등극한 후 성직 서임권(敍任權)을 둘러싸고 신성로마 황제인 하인리히 4세(Heinrich 4, 1056~1105)와 대립되었다. 이들 싸움은 교황의 황제에 대한 파문선고, 황제의 교황에 대한 폐위선언으로 시작되었다. 독일의 제후들로부터 지지를 얻지 못한 황제 하인리히는 이탈리아의 카노사(Canossa)에서 사흘 밤 사흘 낮을 눈 가운데 무릎을 꿇고 교황에게 사죄(1077)하였다. 그로부터 7년 후인 1084년 와신상담(臥薪嘗膽) 앙앙불락(怏怏不樂)하던 하인리히 4세는 드디어 독일 내 반대세력을 제압하고 로마를 공격, 교황 그레고리를 축출하였다. 성속(聖俗)의 싸움은 그 후에도 계속되어 교황 이노센트 3세(Innocent 3, 1198~1216 재위)는 황제 프리드리히 2세(Friedrich 2, 1215~1259)와 영국의 존 왕(John, 1199~1216)을 굴복시켰다. 대체로 이들은 상호 제휴, 견제하며 중세의 유럽정치를 이끌어나갔다.[102]

성속(聖俗)의 대립이 계속되는 동안 유럽은 예루살렘의 성지(聖地) 회복을 위한 십자군 전쟁(1096~1270)이 일어나 약 200년 동안 총 8차례의 전쟁에 시달렸다.

교황권의 우월

이러한 성속(聖俗)의 대립과 십자군 전쟁의 소용돌이 시대에 성 버나드(St. Bernard de Clairvaux, 1091~1163), 존(John of Salisbury, 1115~

---

102) 민석홍 · 라종일, 『서양문화사』(서울, 서울대학교출판부, 1992), p.90.

1180), 토마스 아퀴나스(Thomsa Aquinas, 1225~1274) 등은 교회 및 교황권의 우월을 주장하였다.

성 버나드는 프랑스 출신의 신비주의적 승려로 그의 『회상록』에서 교회 권위의 탁월함을 주장하였다. 그러나 버나드는 교회가 세속정치에 관여하는 것을 반대하였다. 그는 "교회의 활동은 단지 정신적인 면에 있으며, 정치에 개입하면 그의 권위를 손상하게 되기 때문에 이를 피해야 한다. 다만 교회 이익을 보존하도록 국가의 역할 수행을 감독 내지는 인도할 뿐이다. 교회는 이단자를 견책할 수 있으나 그들에 대한 신체적 구속 및 그 집행은 세속권에 넘겨야 한다"[103]라고 하였다.

존은 영국의 살리스베리에서 태어났다. 그는 프랑스로 건너가 신학을 공부하였는데 대체로 성 버나드와 같은 입장이다. 그는 "교회는 우리의 영혼에 속하며 신체에서 떨어진 별개의 존재가 아니다. 이 땅에는 하나의 교회공동체가 존재하며 그 안에 정신적, 육체적 부분이 소속되어 있다. 교회가 군주에게 칼(The sword)을 주었다. 교회는 유혈(流血)의 칼을 가지고 있지 않기 때문에 군주에게 그 칼을 사용할 수 있도록 권한을 부여하였다. 군주는 말하자면 교황권의 위임을 받아 이를 행사하는 장관이다. 군주는 또한 법을 행사하는 공복이다. 그 법은 단순한 인간집단의 법이 아니고 신의 법이다"라고 하였다. 이처럼 존은 교회의 권위를 왕권의 상위에 두고 있지만 그것은 단지 교회의 입장만을 정당화하려는 뜻은 아니다. 그는 교회의 권위를 종교적 도덕적 분야에 국한하고 정치적 질서 내에서 교회의 자율성과 학문의 자유를 인정하는 인간중심의 합리적 입장을 지향하였다.[104]

---

103) 김계수, 『구미정치사상사』(서울, 일조각, 1983), p.46.
104) Mcdonald, 앞의 책, pp.167~168.

스콜라철학의 정의

　토마스는 교권우월론과 스콜라철학(Scholasticism)을 주장한 대표적 신학자다. 간단히 말하여 아우구스티누스의 교부철학이 플라톤적이라면 토마스의 스콜라철학은 아리스토텔레스의 영향을 더 많이 받았다. 스콜라철학은 교부철학에 의하여 세워진 기독교 신앙을 이성적 사유를 통하여 보다 합리적으로 논증하려고 노력하였다. 토마스는 고대의 맹신적 신앙에서 벗어나 이성의 도움으로 하나님의 계시를 이해하려는 입장이다. 다시 말하여 신앙의 우월성을 주장하면서도 상대적으로 이성의 자율성을 인정하여 근대적 인간중심 사상에 영향을 주었다고 평가되고 있다.

　토마스는 아리스토텔레스처럼 인간은 정치적 동물이라고 하였다. 그에 의하면 "사람은 먹고 사는 일뿐 아니라 사고(思考)의 방식을 배우기 위하여 집단생활을 한다. 신(神)은 우리 인간에게 이성적인 천성(天性)을 부여하였다. 사람들은 이성이 있기에 자신들의 복리(Well-being)가 보편적인 원리에서 나온다는 것을 알아낼 수 있다. 이성을 발휘하려면 정치적 공동체의 도움이 필요하다. 정치 공동체는 무엇보다도 공동선을 지향하고, 그에 걸맞은 법적 원리에 따라 구성원을 지도해야 한다. 정부나 정치지도자가 공동선을 무시하고 자신들의 특수 이익에 집착하면 그것은 정의로운 정부가 아니며 신(神)의 경고를 받게 된다"[105]라고 하였다.

　아리스토텔레스는 플라톤과 마찬가지로 인간의 행복을 철학적 숙

---

105) Mcdonald, 앞의 책, pp.133~134.

고에서 구하였는데 토마스는 인간이 추구하는 최고의 목적은 행복이
고 그것은 신의 은총을 받는 즐거움이라고 하였다.[106]

　인간의 이성으로 자연을 인식할 수 있으나 자연의 배후에 있는 초
자연은 인식할 수 없고 신앙을 통한 계시에 의하여서 인식할 수 있다.
따라서 토마스는 자연과 초자연, 아는 것과 계시의 우열관계는 국가
와 교회의 경우에도 적용되고 궁극적으로 교회가 그 상위에 있다고
보았다. 이성과 신앙, 철학과 신학을 구별하고 그 한계를 지적하여 신
의 인간에 대한 우월을 주장하였다.

　토마스는 "정의롭지 못한 법은 법이 아니다. 법의 효력은 그 정의
로움의 정도에 의존하며, 사물의 현상은 이성의 규칙에 따라 올바로
움직일 때 정의로울 수 있다"고 하였다. 토마스는 아리스토텔레스와
같이 "정의란 다른 사람들과의 관계에서 실행되는 인간의 보편적 미
덕이며, 영구불변의 의지로서 각자에게 그 것을 주는 특성이다"[107]라
고 하였다. 여기서 영구불변의 의지란 신법(神法) 혹은 영구법(永久法)
을 말한다. 그리고 보편적 미덕은 전체적, 객관적이며 공동선을 지향
하는 것이기 때문에 바로 법적 정의라고 말할 수 있다.

---

106) 위의 책, p.154.
107) 강두호, 앞의 책, p.180.

한국인의 자연관

한국인들의 가장 전통적인 가치관의 하나로 운명주의적 성격을 꼽는다. 운명주의는 인간생활에 있어서 모든 길흉화복(吉凶禍福)이 인간의 능력 밖의 힘에 의하여 결정된다는 믿음이다.

한국인들은 자신의 의지나 노력보다 명당, 풍수나 사주 등 자연적 조건에 순응해왔다. 명당이란 조상의 뼈를 길지(吉地)에 모시면 그 은덕으로 자자손손이 번창한다는 것이고, 풍수지리설은 산형지세(山形地勢)의 길흉이 지역주민들의 인심을 결정한다는 믿음에 근거를 두고 있다. 풍수지리설은 또한 사주팔자론과도 깊은 연관이 있다. 언제부터인지 우리 사회에서는 인간의 행태를 그가 타고난 사주(四柱: 연, 월, 일, 시)에 의하여 판단하는 전통이 전해왔으며 아직도 이런 관습이 상존하고 있다. 이토록 비합리적이고 운명주의적 문화는 혹독한 보복이나 연좌제 등에 표출되었다.

명당 풍수에 관한 이야기

우리나라 역사에서 토템신앙, 샤머니즘, 정령숭배(애니미즘)의 영혼불멸 사상은 조상신(祖上神) 숭배의 전통으로 지금까지 남아 있다. 이런 전통은 조상 혹은 부모의 유해(遺骸)를 길지(吉地)에 모시면 그 자손들이 입신출세(立身出世)한다는 풍수사상을 유행시켰다.

풍수사상의 요체는 죽은 자의 **뼈**에 있다.[108] **뼈**는 신체의 중요한 구조를 이루고 있는 것으로 그 속에 영혼이 깃들어 있으며 사람들은 그 영혼이 자손들에게 신비한 힘을 발사한다는 믿음을 갖고 있다. 이런 풍습은 본래 자신의 혈통 외에 다른 사람들을 믿을 수 없었던 사회적 특성에 기인하며, 조상의 영험(靈驗)을 통한 생활의 안전과 입신을 보장받으려는 뜻을 함축하고 있다.[109]

---

108) 중남미에 가면 인간의 심장에 영혼이 있다고 믿었던 아스텍, 마야문명과 시신을 신앙하던 잉카문명의 흔적을 볼 수 있다. 이들은 수많은 사람의 심장을 도려내 태양신에 바쳤고 혹은 시신을 미라로 만들어 제단에 모셨다.

109) 村山智順, 최길성 역, 『조선의 풍수』(서울, 민음사, 1990), p.17.

풍수설은 인체(人體)를 자연의 기운(氣運)을 받은 존재로 보고 이를
땅으로 내려서 행복을 추구한다는 입장이다. 아직 뼛속에 생기를 가
지고 있는 사체(死體)가 힘을 발휘하려면 생기감응(生氣感應)이 필요하
다. 즉, 땅속에 묻힌 뼈가 땅속의 생기(生氣)와 서로 통하여야 한다. 보
다 적극적인 차원에서 동기상통(同氣相通)하여 자손들이 부귀공명을
얻으려면, 이들이 지하의 뼈에 감응되도록 덕(德)을 베풀어야 한다.[110]

이런 의미에서 보면 우리나라의 풍수설도 선악의 귀책설과 결부하
여 논의할 여지가 있다고 본다. 다만 우리나라 매장문화의 부작용이
그 한계에 이르고 있다는 주장도 충분한 근거가 있음을 유념할 필요
가 있다.

첫째, 묘지의 폐해가 크다. 그동안 풍수설은 민간신앙화하여 민중
들 사이에 장묘에 치중하는 술법(術法)으로 전락하였다. 덕을 베풀어
복을 받으려는 공공심이 아니라 명당, 명혈(名穴), 혹은 길지(吉地)를
찾아 부모의 시신을 묻고, 부귀영화를 누리겠다는 사심(私心)이 팽배
하여 묘지를 둘러싼 폐단이 극심하였다. 남의 묘지에 몰래 부조(父祖)
의 시신을 묻는 암장(暗葬), 다른 사람의 산야 묘지를 교활하게 침탈
하는 투장(偸葬), 권세를 등지고 강제로 빼앗는 늑장(勒葬), 부장품 도
둑, 시체모독 등은 물론 빈번한 이장(移葬)으로 인한 경제적 부담도
막심하였다.[111]

한국의 보건복지부와 대한지적공사가 2010년 2월부터 5개월간 3억
8천만 원을 들여 실시한 전국 묘지의 실태조사에 의하면 전국에 약

---

110) 최창조 교수는 진혈(眞穴)을 얻으려면 '적덕(積德)을 해야 가능하다'고 하였다. 최창조, 『한국의 풍수사상』
(서울, 민음사, 1984), p.136.

111) 위의 책, p.51.

1,456만 기의 묘지가 있다고 한다. 묘지의 면적은 국토의 1%로 해마다 서울 여의도 면적의 1.3배가 묘지로 편입되고 있다. 이런 추세로 나간다면 앞으로 서울은 2년, 수도권은 5년, 전국적으로 10년 이내에 묘지공급의 한계가 예상된다. 우리나라 묘지가 차지하고 있는 면적은 주택지의 절반, 공장면적의 3배에 달한다고 한다.

둘째, 풍수에 관한 술사(術士)들의 이야기를 들어보면 땅속에 묻힌 선조(先祖)의 뼈 혹은 영혼은 영원히 생기를 가지고 있어서 그들 자자손손(子子孫孫)에게 감응하여 복록을 준다. 하지만 복록을 받는 자는 '그 선조의 자손'이라는 사실이 중요하며, 행실의 선악(善惡)과 응보율(應報律)의 관계는 부차적인 일이다. 그 구체적인 예로 전주김씨 시조 묘를 들 수 있다.

다음에서 손석우(육관도사) 씨의 『터』 내용을 간단히 살펴보자. 이 책은 김일성의 죽음을 예언하여 유명해졌다.[112]

"전북 완주군 모악산 도립공원 내에 전주김씨 시조 김태서 공의 묘가 있다. 그곳은 청룡, 백호, 주작, 현무가 잘 갖추어진 천하 명당이다. 이 땅을 보면 그 자손 중에 49년 동안 요지부동의 절대권력자가 나올 지기(地氣)가 있다. 즉, 김태서 공 묘의 발복으로 그 후손이 49년간 권좌에 앉아 있었으니 그 인물이 바로 김일성이다. 내(손석우)가 1992년 문명자라는 여인을 만났는데 그녀가 평양 주석관에서 김일성을 만났다고 하였다. 그때 김일성이 자신은 전주김씨이고 시조묘가 전북 전주에 있다고 하였다."[113]

---

112) 손석우, 『터(상)』(서울, 답게, 1993) 이 책에서 손석우 씨는 김일성이 1994년 9월 14일(음력) 운이 다한 다고 썼는데(p.118) 사실 그는 1994년 7월 8일에 죽었다.

113) 위의 책, pp.112~113.

"김태서 공은 꿈에 김형직의 부인 강 씨 부인에게 나타나 현몽을 하여 김일성을 낳았다. 그 후 김일성은 6·25 전후 죽을 고비를 꼭 세 번 넘겼는데 그때마다 김태서 공이 나타나서 위기를 모면케 하였다는 이야기를 들었다."[114]

완주군 김태서 공(?~1257)은 경순왕의 6대손인 김봉모의 아들로 고려 고종대 최우(崔瑀) 정권의 중심인물이다. 최우(?~1249)의 딸이 공의 며느리(아들 김기손의 부인)이고 손녀 숙비(김약선의 딸, 순경태후)는 충렬왕의 어머니이다. 태서공은 고려 신종, 희종, 강종, 고종의 다섯 대에 걸쳐 중신으로 문하시랑 평장사를 지냈다. 그의 31대손이 김형직이고 32대손이 김일성이라 전한다.

전주김씨의 『국조방목』에 있는 문과합격자는 16명이고, 현대의 인물로 김치선 전 서울대 교수와 김재순 전 국회의장이 있다. 전주김씨는 조선조 500년 동안 번창하지 못하였는데 약 7백 년이 지난 후 김일성을 배출하였다.

손석우 씨의 글에 의하면 김일성의 운명은 바로 그의 시조공의 묘에 의하여 정해졌으며 그는 '묘역(墓域)의 정기(精氣)'를 한 몸에 받고 태어났다고 하였다.[115] 하지만 김일성은 악명 높은 독재자로 이 땅에 전쟁을 일으켰고 그로 인하여 수많은 인명이 희생되었다.

그 아들(김정일)에 관하여 손석우 씨는 '그의 사주를 몰라서 정확하게 말할 수는 없다. 다만 묘 터의 정기로 보면 그는 결코 행복하지 않을 것이다. 그는 일종의 망명길을 떠날 것 같은데 아마도 미국 쪽을 선택할 것 같다. 모두가 시조묘의 감평으로 본 것이니 조금만 기

---

114) 위의 책, p.114.
115) 위의 책, p.117.

다리면 밝혀질 것이다'116)라고 하였다. 김정일 역시 악명 높은 독재자로 자신은 평생 호의호식하며 죄 없는 인민들을 괴롭혔음에도 그의 거처에서 편안하게 생을 마쳤다.

셋째, 풍수에 관한 이야기는 묘지를 떠나 사람들이 거주하는 지역의 산형지세(山形地勢)에까지 확대되어 오늘날 국론분열의 원인이 되었다.

〈훈요십조〉의 평가

『고려사』에 의하면 고려 태조 왕건은 그가 죽기 한 달 전에 그의 대를 잇는 국왕들에게 이른바 <훈요십조>를 남겼다고 한다. 그 내용 중 제8훈을 보면 '차현 이남과 공주강 밖의 지역은 산의 모양과 땅의 형세(形勢)가 배역으로 달리고 있어 인심(人心) 또한 그러하니, 그 지역 사람들의 인재 등용을 제한하라'는 내용이 있다. 이러한 지세(地勢)는 대개 제2훈에 나오는 도선(道詵)이 판단한 것으로 알려져 있다.

후일 실학자 이익(李瀷, 1671~1763)은 이를 확대 해석하여 '공주강은 금강을 말한다. 이 강은 호남의 덕유산으로부터 흘러나와 역류(逆流)하여 공주 북쪽을 휘감아 금강으로 들어간다. 계룡산도 역시 덕유산과의 일맥으로 마이산을 거쳐 래룡(來龍)이 머리를 돌려 조산(祖山)을 바라보는 공(公)자 모양을 이룬다. 그래서 풍수가들은 금강을 반궁수(反弓水)라 이른다'라고 설명하고 또 '전라도의 수세(水勢)는 무등산

---

116) 위의 책, p.118.

이동(以東)의 하천은 모두 동쪽으로 흘러 바다에 들어가고 그 이서(以西)의 물은 모두 남쪽으로 흘러 바다로 들어간다. 전주 이서의 물은 모두 서쪽으로 흘러 바다에 들어가고 덕유산 이북의 하천은 모두 북쪽으로 흘러가 바다에 이르니 산발사하(散髮四下)의 형세가 되어 국면을 이루지 못한다. 때문에 이 고장에는 재덕(才德)이 잘 나타나지 못하고 풍속이 거칠고 교활하다'고 하였다.[117]

이 문제에 대하여 다음 몇 가지 유념해야 할 문제들을 지적하고 싶다.

① 『고려사』 최승로 편에 의하면 '이전에 <신서훈요: 훈요십조>가 병선(兵燹, 병화)에 불타 없어졌다. 최제안(?~1046)이 최항(972~1024)의 집에서 얻어 보관하였다가 왕에게 올리니 이때부터 세상에 전파되었다'라는 글이 있다. 이미 불타 없어진 왕의 문서가 어떤 과정을 거쳐서 신하의 집에 보관되었으며 언제 어떤 왕에게 올렸는가에 관한 기록이 없다.

② 도선(道詵)의 존재를 확인할 기록이 없다. 그동안 도선에 관한 연구결과에 의하면 그에 관한 기록은 그가 죽은 252년 후인 의종 4년(1150), 최유청이 쓴 비문에 나온다고 하였다. 그 비문에 도선은 혜철 국사의 법을 이어 받았고, 윤다(864~945), 경보(869~948)가 그의 가르침을 이어 받았다고 하였다. 하지만 혜철선사의 비문(872년 건립)이나, 윤다의 비문(951년 건립), 경보의 비문(958년 건립)에는 도선이란 인물의 존재가 전혀 언급된 것이 없다고 한다.

---

117) 이익, 『성호사설』 권1, 「천지편, 하」, 신도한양조.

③ 원래 풍수설을 부정했던 이익의 글에 문제가 있다. 즉, 이익은
감여가(풍수가)의 술(術)을 믿는 자들을 소개하면서 "사람들로
하여금 배를 잡고 웃게 한다"고 평하였다. 하지만 그가 공자(公
字), 반궁수(反弓水) 혹은 산발사하(散髮四下) 등 강줄기의 모양을
가지고 인심을 논한 것은 정말 배를 잡고 웃을 일이다. 그는 차
현과 공주강을 확대 해석하고 있지만 최근 연구결과에 의하면
차현은 현재 천안-논산 간 고속도로 천안-정안 접경지역의 한
고개에 불과하다. 공주강 외란 말도 '금강이남'이 아니고 '공주
지역 밖'이라고 해석되고 있다.118) 즉, 차현고개와 공주강 간의
지역을 말한 것이다.

④ 실학자인 이중환도 그의 『택리지』에서 근거 없는 풍수설을 아
무 기준 없이 남발하였다. 그 내용 중 몇 가지 예를 들면, '함경,
평안 두 도는 살만한 곳이 못 된다', '충주읍은 상시(常時)에도
살기가 하늘을 찌르며 해가 빛이 없다. 지세가 서북쪽으로 쏟아
지듯 하여 정기가 머물러 쌓이지 않으므로 부유한 자가 적고 백
성은 많으나 항상 구설이 많고 경박하여 살 만한 곳이 못 된다',
'광주(廣州)의 온 경내는 살만한 곳이 못 된다', '여러 대를 살기
에는 합당치 못하다', '땅이 음침하여 살 만한 곳이 못 된다. 냇
물과 땅에 모두 장기(瘴氣)가 있어 살 곳이 못 된다', '풍속이 더
러워서 살만한 곳이 못 된다', '살기(殺氣)가 있어 살 만한 곳이
아니다' 등 우리들 행복하고 아름다운 삶의 터전을 마구 폄하하
고 있다.

---

118) 김재영, 『한국사상의 맥』(파주, 한국학술정보(주), 2009), pp.134～135.

이상 풍수에 관한 이야기들은 우리가 지금 논의하고 있는 '정의'라는 개념은 말할 필요도 없거니와 적어도 '착하고 올바르게 살아가겠다'라는 생각과도 거리가 멀다.

사주팔자론

우리 문화에서 운명주의적 전통을 벗어나지 못한 사람들은 사람의 일생을 우주변화의 결과로 파악하는 경향이 있다. 즉, 이들은 '인간사의 인과관계란 우주의 음양, 동정(動靜), 변화 등으로 표현되며 자연법칙은 우주법칙이요, 인간만물의 법칙이다'[119]고 주장한다.

사실 우리 조상들은 자연과 인간들의 관계가 유기적으로 연결되어 있다는 우주관을 믿어왔다. 이처럼 자연의 운행과 인간사가 서로 밀접하게 연관되어 있다고 믿는 사람들은 특히 운세와 팔자를 선호한다. 사람에 따라서는 자고 일어나면 그날의 일진(日辰)을 따지고 가정 내외의 대소사에 반드시 음양오행을 따져 택일을 하는 경우가 있다. 또 새로운 일을 시작할 때에는 조상이나 초자연적 힘에 지성을 들여야 마음이 놓인다. 사주팔자는 최근 모든 사람들의 관심사요, 취미거리가 되었다.

우리 속담에 팔자는 못 속인다, 제 팔자 개 못 준다, 팔자는 독에 들어가서도 못 피한다, 팔자에 없는 벼슬을 하니 병이 난다 등은 사람의 행복(幸福)과 불행이 행동의 선악(善惡)으로 인(원인)하여 초래(결

---

119) 한동석, 『우주변화의 원리』(서울, 행림출판, 1992), pp. 33~36.

과)되지 않고 단지 타고난 운세의 길흉(吉凶)에 의하여 결정된다는 사례들을 가리켜 한 말이다. 후삼국의 궁예는 역적의 사주를 타고났다하여 부왕으로부터 버림을 받았다는 이야기가 있다. 최근 어느 대기업에서 사주, 관상으로 사원을 뽑았다는 설이 있다. 아마도 회사에 충성할 성격의 사주를 고려한 것 같다. 지금도 남녀궁합을 따지고 첩(妾)을 볼 사주, 부정(不貞)한 사주, 백호대살(白虎大殺: 非命橫死格) 등 액운도 다양하다.

여기서 팔자란 사주팔자(四柱八字)를 말하며 사람의 생년월일시(生年月日時)를 간지(干支: 甲子, 乙丑 등)로 표현한 것이다. 역술인들은 이들 사주의 경험적 사례를 통계, 분석하여 판단하므로 과학성이 있다고 주장한다. 현재 우리나라 역술인의 수는 등록된 자 30만을 포함하여 약 50만 명으로 추산되고 있다.[120]

역술 인구도 매년 증가하며 국내 유명 역술인 중 '스타'의 반열에까지 오른 자도 있다. 관상학의 대가 백운산은 대기업 단골 면접관이되었고, 목소리만 들어도 운세를 맞힌다는 맹인 역학자 김교성, 입시당락 전문가 정학봉, 신이 선택한 여자 심진송 등 역술인 스타들이 있다.[121] 김교성(38)은 대학 재학 중 실명하자 필사적인 노력으로 점자로 사주풀이를 공부하여 유명 역술가가 되었고, 인천의 정학봉(64)은 신당에 촛불을 켜고 치성을 드리며 입시생을 둔 고객들을 모으고 있다고 한다.

역술은 '명리학' 혹은 '생활명리학'이란 과목으로 이미 대학의 선

---

120) 강준만, 「한국 미신의 역사, 호모 루덴스의 시련 불안, 불확실성에 대한 시련」, 『인물과 사상』 115호, 2007년 11월, p.187.
121) 강준만, 위의 글, p.183.

택과목으로 설정되고 있으며 백화점, 문화센터 등에서도 인기과목으로 등장하였다.

보복적 응보로 나라를 망친 부끄러운 전통

풍수나 사주팔자론처럼 자신의 의지와 무관하게 죄를 받거나 상호 원수가 되는 경우가 있다. 특히 부모 간의 원수는 불공대천지수(不共戴天之讐)라 하여 하늘 아래 같이 공존할 수 없는 자로 서로 증오하였다. 이 말은 『예기』「곡례」(曲禮, 권1)에 나온다.

'아버지의 원수는 같은 하늘을 함께하지 않는다. 형제의 원수는 집으로 돌아가 병기를 놓지 않는다(원수를 만나면 그를 죽여야 한다). 벗의 원수는 같은 나라에서 살지 않는다(역시 이를 죽여야 한다)'는 뜻이다.[122]

조선조 세종대에 왕의 국구로서 역모의 억울한 누명을 쓰고 자결한 심온(沈溫, 영의정, ?~1418)은 마지막 유언으로, "대대로 박씨(朴氏: 반남박씨)와는 서로 혼인을 하지 말라"는 말을 남겼다. 이는 좌의정 박은(朴訔, 1370~1422)이 자신을 죽게 한 주장을 하였기 때문에 깊이 한스럽게 여긴 것이다. 심온의 자손들은 과연 대대로 그 말을 지켜 혼인을 논하지 못하였다. 다만 심륭 한 사람만이 박 씨의 문중에 사위가 되었으나 역시 자녀가 없었다[123]고 한다.

---

122) 권오돈 역, 『예기, 사서오경, 제9권』(서울, 한국교육출판공사, 1986), p.28. 부지수 불여공대천, 형제지수 불반병, 교유지수 불동국(父之讐 不與共戴天 兄弟之讐 不反兵 交遊之讐 不同國).

123) 이긍익, 『연려실기술』 1, 제3권(서울, 민족문화문고간행회, 1988), p.254.

이처럼 우리의 역사에서 서로 다른 세력 간의 적대적인 반목은 때때로 개인 간의 사적인 감정과 결합하여 국가 간, 문무 간, 당파 간 보복을 더욱 부채질하였다. 그 실례를 하나씩 들면 다음과 같다.

사례 1. 법민(法敏)과 융(隆)

태종무열왕 7년 7월 13일, 김춘추의 아들 법민이 당의 인질로 있다가 드디어 당군의 도움으로 신라가 백제를 함락하였다. 법민(신라 문무왕, 재위 661~681)은 융(백제 의자왕의 아들)을 말 앞에 꿇리고 그 낯에 침을 뱉으며 꾸짖기를, "지난날 너의 아비가 내 누이(품석의 부인)를 원통하게 죽이고 옥중에 묻어 나로 하여금 20년간 마음 아프고 머리 앓게 하였다. 너의 목숨은 내 손 안에 있다" 하니, 융은 땅에 엎드려 아무 말이 없었다.[124] 신라왕과 소정방 및 여러 장군은 당상에 앉고 의자왕과 그 아들 융은 당하에 앉아 왕으로 하여금 술잔을 치우게 하니 백제의 좌평 및 여러 신하들이 목메어 눈물을 흘리지 않는 자가 없었다. 신라 왕은 사적인 구원(仇怨)이 계기가 되어 외세(外勢: 당나라)를 끌어들이고 백제를 멸망케 하였다. 하여튼 우리나라는 그때 옛 고구려의 땅을 거의 모두 잃게 되었다.

사례 2. 김돈중과 정중부

고려 인종(1123~1146) 때 내시(內侍) 김돈중(金敦仲, ?~1170, 김부식의 아들)이 견룡대정(遣龍隊正)으로 있던 정중부(?~1179)의 수염을 촛불로 태워 모욕을 주었다. 이에 정중부가 크게 노하여 김돈중을 묶

---

124) 김부식, 최호 역, 『삼국사기』 1(서울, 홍신문화사, 1994), pp.115~116.

어놓고 욕을 보였다. 이 말을 듣고 돈중의 아버지 김부식(1075~1151)
이 정중부를 잡아다가 고문하려 하였으나 왕이 만류하여 욕을 모면
하였다. 이로부터 정중부의 마음에는 문신에 대한 원한이 쌓이기 시
작하였다. 한편 의종 24년(1170) 왕이 보현원에 유람을 나갔을 때 문
신 한뢰(韓賴)가 취중에 무신 이소응(1111~1180)의 뺨을 때려 욕을 보
였다. 정중부, 이소응, 이의방이 무인의 난을 일으켜 문신들을 대량
학살하였다. 문무 싸움에서 이긴 무인은 이로부터 무인집권시대를 열
었다. 하지만 고려는 조만간(1231) 원(元)의 침입을 받아 결국 외세의
지배를 받게 되었다.

사례 3. 정철과 이발 형제

이발(동인, 1544~1589)이 어렸을 때 그의 형제가 장기를 두고 있었
다. 마침 정철(서인의 영수, 1536~1593)이 남평에 있는 이발의 집을
찾아갔다가 장기 훈수를 하였다. 당시 이발, 이길 형제는 각각 10세,
8세이고 정철은 18세였다고 한다.

하여튼 갑자기 이발 형제가 정철의 수염을 뽑으며, "왜 너는 역적
놈의 자식으로 시키지도 않는 훈수를 하느냐?"라고 폭언을 퍼부었다.
이 이야기는 기축옥사 이후 서인들이 꾸며낸 것이란 설이 있다.[125]

다음은 조헌의 상소내용이다.

"신이 듣기로는 정철은 이발의 아버지 이중호(1512년생)와 옥당의
동료입니다. 그가 일찍이 <근사록>을 정철에게 질문한 후에 비로소

---

125) 신정일, 『조선을 뒤흔든 최대 역모사건』(서울, 다산초당, 2007), p.219.

강설하였으므로 이발, 이길은 정철에게 제자의 예를 취해야 합니다. 그럼에도 이발이 출세한 이후에 감히 정철을 능멸하였습니다. 정철이 긴 수염이 있는데 이발이 취중에 희롱하여 수염 몇 개를 뽑았습니다. 그뿐 아니라 그 후 마주 앉아 술을 마실 때에도 이발이 패만(悖慢)한 말을 하였습니다. 이때 정철이 곧 돌아보지 않고 이발의 얼굴에 침을 뱉고 일어섰다고 합니다.”[126] 양반 관료들이 수염을 뽑고 침을 뱉었다는 이야기는 참으로 듣기에 황당하다.

그로부터 35년이 지난 뒤 기축옥사(1589년, 정여립 사건)가 정철 등 서인세력에 의하여 조작되고 호남을 중심으로 많은 동인들이 억울하게 죽어갔다.[127]

이발 형제와 노모, 그 어린 아들, 종들까지도 억울하게 장살(杖殺)되어 옥졸들이 눈물을 흘리지 않는 자가 없었다 한다. 그 3년 후에 조선의 정세를 호시탐탐 엿보고 있던 일본의 풍신수길이 드디어 이 땅을 초토화하였다.

아직도 북쪽 아나운서가 쏟아내는 ‘백배 천배로 보복하겠다’는 위협적인 방송은 듣기만 해도 소름이 끼친다. 우리들 안방극장에도 문제가 있다. 저녁 황금시간에 방영되고 있는 TV 드라마를 보면 상대방의 얼굴에 찻잔을 뿌리고 뺨을 때리는 장면이 단골 메뉴로 등장한다. 그리고 인기가 많은 프로일수록 누군가의 원수를 갚겠다는 ‘불공대천지원수’의 이야기가 드라마의 줄거리를 이룬다.

---

126) 이긍익, 『연려실기술』 3, p.403.

127) 김재영, 『호남의 한』(파주, 한국학술정보(주), 2009), pp.227~228.

기복신앙적 태도

한국인들의 종교적 태도는 기본적으로 기복성이 강하다는 주장이 있다. 이런 믿음이 강한 사람들은 어떤 어려운 문제에 봉착하면 이를 합리적인 방법을 통하여 극복하려 하지 않고 초월적인 힘에 의지하거나 억지를 부리는 경우가 있다. 우리는 흔히 기독교나 불교 등 외래 종교를 신앙하면서 무속을 미신으로 배격한다. 하지만 그 내면을 보면 이웃을 사랑하고 자비를 베푸는 이타적 행동보다는 자신의 이익을 위하여 지성을 드리는 기복적 경향이 농후하다는 비판이 있다. 다시말하여 자신이 위기에 처할 때는 무당 등을 찾아 초월적 힘에 호소하면서도 일단 위기가 사라지면 그것은 미신이라고 배척한다. 이런 태도가 정치사회에 만연되면 그 부작용은 더욱 심각하다. 염량세태(炎凉世態)의 인간들은 세력의 유무에 따라 아부와 배신을 일삼고 정치지도자에 대한 향배(向背)가 무상하여 정치적 갈등이 고조된다.

근대 초기 학자들의 정의

근대 초기에 정의를 논한 학자들로 단테, 마르시리오, 마키아벨리 등을 들 수 있다.

피렌체의 단테

단테(Dante, 1265~1321)는 이탈리아 피렌체에서 몰락한 귀족의 아들로 태어났다. 어려서 어머니를 사별하고 계모 슬하에서 자랐다. 20세에 젬마 도나티(Zemma Donati)와 혼인하여 슬하에 세 자녀를 두었다. 그의 인생에서는 베아트리체(Beatrice, 1290년 사망)에 대한 지고한 사랑과 19년간에 이르는 정치적 망명생활(1302~1321)이 특히 유별나다.

당시 피렌체는 유럽의 모든 도시국가들과 마찬가지로 철저히 부패, 타락하였으며 피를 튀기는 정쟁의 회오리 속에서 끊임없는 싸움이 계속되고 있었다. 피렌체에는 상류층에 속하는 봉건귀족들의 기벨리니(Ghibellini)당과 몰락 귀족층(상공인, 중산층)이 지지하는 궬피(Guelfi)당으로 나뉘어 대립하였다. 단테의 집안은 궬피당에 속하였고 단테 자신도 궬피당 군대의 일원으로 전투에 참전하여 기벨리니당을 격파하였다. 1300년(단테 35세)에 단테가 6인의 행정위원 중 하나로 참가하였을 때 다시 궬피당이 백당과 흑당으로 갈라져 싸웠다. 단테가 소속한 백당은 교황청과 단지오 왕가의 간섭으로부터 벗어나 피렌체의 독립을 주장하고 흑당은 기회주의적으로 당시 세력이 강했던 교황의 계획을 지지하였다. 이 일로 단테는 망명생활을 시작하여 그의 주장을 굽히지 않고 끝내는 (궐석재판으로) 사형선고까지 받았다.[128]

단테의 『제정론』

단테의 『제정론』에 의하면 "로마인이 세계제국을 건설하고 적을 정복한 것은 신의 섭리와 희망, 판단에 의하여 이루어진 것이다. 또한 군주의 통치는 인류복지를 위한 절대적 조건이다"라고 하였다. 단테가 말하는 군주정치는 세속적 지배자로 세속군주가 모든 문명세계를 통치하는 것을 뜻한다. 『제정론』에서 단테는 신성로마제국은 고대 로마에서부터 계승되었으며 제국이 하나의 보편적 권위를 회복하는 것만이 세계평화를 다시 이룰 수 있는 길이라고 하였다.[129]

단테의 『제정론』을 요약한 최민순 신부의 글을 보면 "세계는 로마교회와 로마제국에 의하여 통치되어야 한다. 전자는 내세 영혼세계의 일을, 후자는 현재 속계에 관한 일을 맡는다. 교황과 제왕은 각각 그 범위 안에서 절대권력을 보유하고, 신에게서 받은 사명을 다하여 서로 이끌며 나란히 나간다. 하나는 천상에서 하나는 지상에서 낙원을 이룰 때 인류의 행복은 빛을 발한다. 예수는 교황의 교황이다. 이를

---

128) 한형곤, 『단테의 신곡』(서울, 한국외국어대학 출판부, 2006), pp.332~333.
129) 김계수, 앞의 책, p.51.

배반한 유다는 은인을 판 죄인일 뿐 아니라 신의 섭리를 거슬렀으니 그 죄가 가장 중하다. 또한 케자르는 황제의 황제이다. 이를 거스른 브루투스 등은 은인을 판 죄인일 뿐 아니라 신에 의해서 지상에 완성할 국가 중요기관을 향해 반기를 들었으니 유다 다음가는 죄인이다"[130]라고 하였다.

단테의 『신곡』

단테는 『신곡』「지옥편」에서 유다와 브루투스의 배반을 매도하였다. "지옥의 가장 깊은 곳, 이른바 주텍카에서 은인을 배반한 자들이 벌을 받고 있다. 즉, 저기 저 위 가장 큰 벌을 받는 망령이 가리옷 사람 유다이니 그의 머리는 안으로 다리는 밖으로 내밀었다. 머리통을 아래로 처박고 있는 두 놈 가운데 시꺼먼 머리채에 매달려 있는 놈은 브루투스인데 보아라, 저놈은 몸을 비비꼬며 말이 없구나. 또 저처럼 몸채가 더 크게 보이는 녀석이 카시우스다. 그러나 밤이 다시금 접어드니, 자 이제 떠나야 할 시간이다. 온갖 것을 우리 다 보았으니(34곡 61~69행)."[131]

단테의 『신곡』「연옥편」을 보면 그는 그의 조국 이탈리아가 지역감정에 사로잡혀 국가의식을 망각하고 있음을 한탄하였다.

---

130) 한형곤, 앞의 책, p.136.
131) 위의 책, p.136.

"아아, 노예인 이탈리아여, 고통의 여관방이여, 엄청난 폭풍우 속의 사공 없는 배여, 지방과 지방의 주인이 아닌 사창굴이여, …… 지금 그대 안에서 살고 있는 자들은 전쟁만을 일삼고 있으며, 하나의 성벽과 또 해구 하나로 둘러싸인 사람들이 서로서로 헐뜯는구려(6곡 76~84행)."[132]

하지만 단테는 자신의 조국 로마의 과거를 낙관적으로 회고하면서 조국을 위해 하느님의 은총이 있기를 기원하였다.

"로마인들은 항상 고결하고 그들의 통치는 공동선을 지향한다. 세계는 하나의 정부에 의하여 통일되어야 하고 그 정부는 로마인의 것이어야 한다. 또한 정부가 교황에 의존해서는 안 된다"[133]라고 하였다. 즉, 교황은 세속의 권력정치에서 물러나고(독일의) 신성로마제국 황제가 실제 정치를 맡아야 한다는 뜻이다.

그는 마르코(Marco, 베네치아의 귀족)의 말을 통하여 인간의 자유의지를 강조하였다. "인간의 영혼은 신에 의하여 창조되자마자 순수한 상태로 탄생하였으며 본능적으로 낙천적이다. 인간은 처음에는 세속의 재화를 즐기다가 나중에 잘못을 깨닫고 진리와 정의를 추구하게 되었다. 진정한 정의를 알고 이를 실천하려면 이를 가르치고 인도하는 황제와 법률이 필요하다. 교황은 정의와 진리의 표본이 되어야 하지만 영원과 순간을 구별하지 못하기 때문에 법이 필요한 것이다. 교황은 인간을 천상의 행복으로, 황제는 인간을 지상의 행복으로 이끌어가야 한다. 하지만 당시 모든 권력이 교황에게 있어 세상이 오히려

---

132) 위의 책, p.163.
133) Mcdonald, 앞의 책, p.173.

혼란과 부패를 가져오고 있는 실정이다."[134]

오늘날 단테는 신이나 성자가 아니라 인간 베아트리체에서 진정한 아름다움과 평화를 발견한 휴머니스트요, 문예부흥의 선구자로 알려지고 있다. 단테는 분명 이성과 믿음의 영역을 구분하고 로마의 정의와 교회 정의의 이중성을 분명하게 설명하였다.[135]

마르시리오의 「실정법」

마르시리오는 실정법과 다수결원리(Valentior pars: weightier parts)를 주장한 민주주의 선구자로 알려져 있다. 마르시리오(Marsilio's Padua, 1270~1340)는 단테와 비슷한 점이 많다. 이들은 모두 교황의 권력으로부터 이탈리아 도시국가들의 자유를 위하여 싸웠다. 마르시리오도 지역정치에 개입하였다가 후에 세속을 떠나 글을 썼고, 신성로마황제를 지지하였다. 다만 단테는 철학과 시에 초점을 두었고 마르시리오는 과학과 의약에 관심을 가졌다. 단테는 세계 정부의 이상적인 목표를 제시하였고, 마르시리오는 생물학적 기관을 가진 인간의 욕구에 바탕을 둔 정부를 옹호하는 글을 썼다.[136]

마르시리오는 법을 다음 네 부분으로 구분하였다.

① 행동이나 감정 차원의 반응, ② 물질에 대한 심리적 형태, ③ 상

---

134) 한형곤, 앞의 책, p.189.
135) Mcdonald, 앞의 책, p.175.
136) 위의 책 p.175.

벌을 둘러싼 인간의 도덕적 행동 표준, ④ 시민의 정의, 이익 등에 관한 이론 및 보편적 판단 기준 등이다.

마르시리오가 논의할 시민법은 ④항에 해당되는 법이다. 그에 의하면 "시민법은 종교로부터 분리되며 실제 통치권자의 의지와 권력에 근거한 실정법이다. 시민법은 정의의 원리에 부합하고 현실사회에서 상벌을 배분할 강제력을 발동할 수 있어야 한다. 그 법이, 즉 시민법이다"[137]라고 하였다. 마르시리오는 신부나 주교, 교황에 의한 강제력의 행사를 정당화하는 교회의 규정을 비판하고 그들이 세속의 판단에 따라야 하는 이유를 제시하였다.[138]

다수결원리

세속의 권위는 교회의 경우와 달리 그 권위가 전체로서 인민(The whole body of citizen)에 기반을 두고 있기 때문이며, 통치자인 정부는 시민법의 대행자에 불과하다. 다만 마르시리오가 제시한 다수결원칙(Weightier parts: 비중 있는 계층)이란 용어에 대하여 구체적인 설명이 없어서 후세 학자들 간에 논의가 서로 다르다. 즉, 마르시리오에 의하면 "비중 있는 계층(Weightier parts)이란 법률에 의한 공동체 시민들의 양(Quantity)과 질(Quality)을 고려하는 것이다. 전체 시민 혹은 비중 있는 계층이란 그들이 법률제정에 직접 참여 혹은 위임한 것을 의미하

---

137) 위의 책, pp.176~177.
138) 위의 책, p.177.

며 반드시 입법자란 뜻은 아니다"[139]라고 하였다.

위의 글에서 시민들의 수량적 무게의 차원에서 논의한다면 마르시리오는 현대정치에서 다수결원리의 선구자라 할 수 있고, 그 질을 고려한다면 이는 특정 계급구조에 초점이 있다고 주장할 수 있다. 다만 마르시리오가 관심을 기울이고 있는 것은 민심의 양과 질을 따지는 논의에 앞서, 법질서의 효과적인 집행에 그 목적이 있었다. 시민법은 신의 법이나 모세의 율법이 아니고 민심에 근거를 두고 있는 정부의 법이라는 뜻이다. 마르시리오는 이러한 (시민)전체로서의 이익의 개념을 교회의 전체 신도들에게도 확대 적용하자고 하였다.

이런 의미에서 그를 민주주의 선구자로 보는 주장이 있다. 하지만 설혹 당시의 시대적 상황이 현재와 다르다 해도 그가 민주주의에 대한 신념이나 기대 혹은 낙관적인 전망을 가지지 않았음을 유념할 필요가 있다.

그는 "우리는 법이 필요하다. 그것은 대부분의 사람들이 어리석고 사악(邪惡)하기 때문이다"라고 하였으며, 심지어는 인구감소를 위하여 전쟁을 합리화한 일도 있다. 그는 모든 노력을 다하여 신성로마제국을 지지하였으나 세계정부의 필요성을 주장하지 않았다.[140]

---

139) Marsilius of Padua, *The defender of the peace*, vol.2(New York Columbia Univ, 1956), Disc 1, ch.12. sec 3 p.45. Mcdonald, 앞의 책, p.178.
140) 위의 책, p.180.

마키아벨리-경험적 정치과학자

마키아벨리(Niccolo Machiavelli, 1460~1532)는 경험적 정치과학의 선구자로 알려져 있다. 그의『군주론』(*The Prince*, 1513)은 정치지도자들의 교과서로 동서양의 많은 지도자들이 애독하고 있다. 과연 그는 정치과학 연구에 새로운 접근방법을 수립하였는가?

그는 당위적 존재로서의 인간보다 현실의 인간에 관심을 가지고 있었으며 자신의 경험과 역사적 사실을 중요시하였다. 그의 이론은 철저히 세속적이고 비기독교적이다. 또한 매우 예리하고 생동적이며 상상력이 풍부하다. 다만 그의 이론이 일정한 가설에 변수를 선정하고, 이를 다른 정치질서와 비교하여 그 가설을 경험적으로 입증하는 등의 체계를 가지고 있다고 단정할 수는 없다. 따라서 그를 정치과학의 선구자로 보는 데는 문제가 있다.[141] 그는 신학보다는 인간에 대한 깊은 애정을 가진 휴머니스트였으며 인간이란 안전을 원하며 따라서 강력한 정부를 필요로 한다는 전제로 이에 대한 역사적 처방(Prescribe)을 내리고자 하였다.

그의『군주론』에 다음과 같은 글이 있다.

"나의 의도하는 바는 독자에게 유익한 것을 쓰려는 데 있다. 필요 없는 사변(思辨)을 논하기보다는 구체적인 사실을 추구하는 것이 훨씬 뜻 있는 일이다. 상상만으로는 아무것도 할 수 없다. 어떻게 살아야 할 것인가라는 명제와 실제로 사람이 살아나가는 생활방식은 다

---

141) J. Plamenatz, *Man & Society; Political & Social Theory*(New York, MacGrew Hill, 1963), 김홍명 역,『정치사상사』(서울, 풀빛, 1986), pp.36~45.

르다. 어떻게 살아야 할 것인가라는 명제에 집착하다가 인간이 실제로 살아가고 있는 일을 소홀히 한다면 이는 자기를 보존하는 것이 아니라 파멸에 빠뜨리게 하는 것이다. 언제 어디서든 스스로 선만을 내세우다가 악인들의 무리 속에 빠져 파멸하는 경우가 많다. 스스로를 보존하려는 군주는 필요에 따라 선인도 악인도 될 줄 알아야 한다."[142]

그는 종교를 영적 힘이 아니라 강제력으로 간주하려는 근대 정치이론의 선구이다. 그에 의하면 로마 교황권은 도덕적 영감을 내세우다가 실패하였고 세속적 권력을 휘둘렀지만 이탈리아에 재해를 가져왔을 뿐이었다. 교황권은 이탈리아를 권력의 진공상태로 만들어 나라가 정치적, 도덕적으로 타락하였다고 주장하였다.[143]

『군주론』의 배경

마키아벨리는 1460년 이탈리아 피렌체(Florence, Firenze)에서 가난한 변호사의 아들로 태어났다. 당시 이탈리아의 상황은 프랑스, 독일, 에스파냐 등 통일된 유럽국가들과는 달리 지속된 국가분열이 더욱 악화되어 외세의 지배가 강화되었다. 교황세력은 타락, 무능하고 탐욕에 빠져 있었다. 그들은 중세기에 누렸던 정치, 문화, 사회적인 중심역할을 상실한 지 오래였으며 오로지 무력과 권모술수로 겨우 현상을 유지하던 이탈리아의 한 지방 군주에 불과하였다.

---

142) *The Prince*(1513), 임명방 역, 『군주론』(서울, 삼성출판사, 1976), p.106.
143) 브로노프스키, 매즐리슈 공저, 차하순 역, 『서양의 지적 전통』(서울, 홍성사, 1981), p.63.

마키아벨리는 1498년 29세의 나이로 피렌체 최고통치기관인 시뇨리오(Signoria) 네 부처 중의 하나인 '자유평화 10인위원회'의 서기로 임명되었다. 그는 14년간 주로 외교업무를 담당하면서 국민군(당시 피렌체 군대는 용병이었다)의 일도 맡았다. 그는 또한 외교사절로 파견되어 이탈리아와 외국 군주를 만나고 다녔다. 1502년 마키아벨리는 당시 26세의 잔인한 군주 체자레 보르지아(Cesare Borgia: 교황 Alexander 6세의 아들)를 만났다. 마키아벨리가 그를 만난 일은 그의 『군주론』 저작에 획기적인 사건이었다. 1512년 피렌체 공화국이 몰락하고 메디치가(Medicis家)가 다시 복귀하였다. 마키아벨리는 서기의 직위를 상실하고 추방되었다. 1513년 그는 서둘러 『군주론』을 써서 메디치가에 헌정하였다. 그 책은 메디치가의 환심을 사기 위한 것이었으나 무시되었고 그의 사후에 빛을 보기 시작하였다.

마키아벨리의 실질적 정의론

마키아벨리는 주로 실질적인 정의에 관심을 두는 입장이다. 그는 특히 국가의 법과 이성 그리고 현명한 군주를 선호하였다. 그것은 분명 초월적 정의가 아니고 홉스의 이른바 자연주의적 정의에 가까운 것이다.

마키아벨리에 의하면 "정의란 원래 강자의 명령에 불과하며 법 위반자를 처벌하기 위하여 생긴 것이다. 인간을 정의롭고 진실하게 한 것은 법의 규제이다. 인간은 어떤 규율에 종속되지 않으면 모든 수단을 다하여 그들의 욕망을 충족시키고자 하며 다만 두려움에 의해서만 견제를 받을 것이다. 실로 인간은 정부의 기강 없이는 정의, 정직 등 아무것도 배우지 못한다. 사람들이 선과 정직을 알기 시작한 것은 그들이 자신을 방호하기 위하여 군주를 선택한 이후부터라고 본다. 나라의 생존과 강력함이 우선적인 목적이며 국가가 위태로울 경우에는 정의, 인간성, 혹은 잔인성이나 영광, 치욕 등에 관한 고려를 앞세우면 안 된다. 국가 이성은 최고의 선이며 그것은 멜로스의 예에서 분명하다.[144] 당초 사람들은 자기 방위의 필요상 강력한 군주를 지도자로 세웠으며, 선과 정직, 정의가 무엇인가를 알고 이에 따라 명예, 악의 응징, 법률이 발생하였다. 사람들은 시간이 흐르면서 용감하고 강력한 군주보다는 현명하고 정의로운 군주를 선호하게 되었다"[145] 라고 하였다.

인간은 사악하다

마키아벨리 이론은 기본적으로 '인간은 사악하다'는 전제가 함축되어 있다. 그의 『군주론』에 다음 글들이 있다.

"인간은 원래 위선자요, 변덕이 심하여 믿을 수 없다. 은혜도 모르고 의리나 염치도 없다. 오직 자신의 몸이나 이익만을 챙기는 속물(俗物)에 불과하다. 인간은 두려움을 느끼는 자보다는 선하고 사랑스런

---

144) J. 플라므나츠, 김홍명 역, 앞의 책, p.70. 브로노프스키, 매즐리슈, 차하순 역, 앞의 책, p.67.
145) Mcdonald, 앞의 책, p.208.

자를 더 쉽게 배신한다. 그 이유는 원래 인간이 사악하여 단순한 의리나 인정(人情)은 일단 자신의 이해에 얽히게 되면 언제나 쉽게 버릴 수 있으며, 두려운 자는 처벌이 무서워서 배신하지 못하기 때문이다. 군주가 은혜를 베푸는 동안은 모두가 그의 뜻에 따르며 피(血)도 재산도 생명도 아들마저도 바치겠다고 한다. 하지만 이런 모든 헌신도 아직 위험이 먼 곳에 있기 때문이다. 그러다가 위험이 닥치게 되면 사람들은 금방 등을 돌린다. 따라서 군주가 이들의 약속을 믿고 다른 준비를 소홀히 하면 필시 멸망하게 된다. 숭고하고 위대한 정신이 담보되지 않고 그저 적은 보수를 미끼로 얻어진 우정은 그만큼의 가치밖에 없다. 정작 우정이 필요할 때는 힘을 쓰지 못하게 된다.”146)

성군(聖君)도 나라를 잃을 수 있다

마키아벨리의 『군주론』을 보면 로마의 군주 중 언제나 현명한 길을 걷고 위대한 성품을 갖추고 있으면서도 나라와 자신의 목숨까지도 보존하지 못한 자가 있음을 소개하고 있다.

철학자 마르쿠스 아우렐리우스(Marcus Aurelius)에서부터 막시미누스(Maximinus)에 이르는 로마제국의 황제들을 고찰해보면 다음과 같다.147)

---

146) Niccolo Machiavelli, *The Prince & the Discourses*, Tr. by Luigi Ricci & Christian Detmold(N. Y. Random House, The Modern Library, 1950), ch.17, p.61.

147) Machiavelli, *The Prince*, chat. 19, p.65.

착하고 정의를 사랑한 군주의 예

마르쿠스 아우렐리우스(BC. 121～180), 페르티낙스(Pertinax, 126～193), 알렉산더(Alexander, 208～235)는 모두 겸허한 생활을 하였고 정의를 사랑하며 잔혹을 미워하였다. 인정미가 넘치고 인자하였음에도 불구하고 마르쿠스를 제외하고 다른 두 군주는 비참한 최후를 마쳤다.

마르쿠스는 상속에 의하여 제위에 올랐다. 그는 수많은 미덕을 갖추고 인민의 숭앙을 받았다. 마르쿠스는 국가질서를 유지하고 의무를 소홀히 하지 않았으나 그의 아들 코모두스(Commodus)에게 제위를 상속시킨 것은 큰 오점이었다.

페르티낙스는 해방된 노예의 아들로 병사들의 뜻에 반하여 황제에 올랐다. 병사들은 코모두스 치하에서 멋대로 행동하다가 페르티낙스 시대의 새로운 질서와 규율을 참지 못하였다. 페르티낙스는 노령(老齡)에 이런 일로 군인들의 원한을 샀다. 결국 제위에 오르자마자 멸망하였다. 사람의 원한은 악행에서 뿐만 아니라 선행에서도 생기는 법이다. 군주가 나라를 보전하려면 선행도 삼가야 했던 이유가 바로 여기에 있다.

알렉산더는 무척 선한 군주였다. 그의 재위 14년간 재판을 받지 않고 처형된 자가 한 사람도 없었다. 하지만 그는 너무 온순하여 정치를 어머니에게 내맡긴 결과 백성들의 경멸을 받았고 군대의 음모에 의하여 살해되었다.

잔인하고 탐욕이 강한 군주의 예

코모두스, 세베루스, 안토니우스, 카라칼라, 막시미누스 등은 모두 잔인하고 욕심이 많은 군주들이다. 이들은 병사들을 만족시키기 위하여 백성들에게 모진 학대와 부정을 감행하였다. 이런 일로 세베루스를 제외하고 모두 비참한 최후를 마쳤다.

코모두스(Commodus, 161~192년)는 마르쿠스 아우렐리우스의 아들로 상속법에 의하여 제위에 올랐다. 그는 본성이 잔인하고 야수 같은 사나이로 자신의 탐욕을 채우기 위하여 백성들을 억압하고 군대와 야합하였다. 그는 경거망동(輕擧妄動)하여 스스로 투기장에 내려가서 검투사를 상대로 싸우는 등 황제의 존엄성과 위신을 떨어뜨렸다. 이런 야비한 행동은 끝내 병사들에게도 경멸의 감정을 일으켰고 결국은 음모에 걸려 죽음을 당하였다.

세베루스(Septimus Severus, 146~211년)는 마키아벨리가 가장 바람직한 군주의 모델로 내세운 군주다. 세베루스는 코모두스의 뒤를 이어 무력으로 권력을 장악하였다. 그는 위대한 용기와 빛나는 역량을 몸에 지니고 있었다. 백성들을 엄청난 세금으로 학대하였지만 군대를 자기편으로 끌어들이는 전략에 성공하였다. 그는 수하(手下)의 군대에 의하여 황제에 옹립되어 새로운 친위군을 편성, 각지의 정적(政敵)들을 타도하고 독재정권을 확립하였다. 그는 교묘하게 여우의 교활함과 사자의 용맹한 기질을 발휘하여 성공적인 군주의 역량을 발휘하였다. 그는 모든 사람들로부터 외경(畏敬)을 받았고 군대의 지지를 받은 신참황제로 높은 평판을 받았다. 다만 그도 역시 제위를 아들 카라칼라와 그 동생 게타에게 공동 상속한 것은 큰 잘못이었다.

안토니우스 카라칼라(Anonius Caracala, 188~217년)의 만행은 참으로 그 극에 달하여 전대미문(前代未聞)할 정도였다. 그는 동생을 죽이고 다수의 로마시민을 매일 같이 살육하였다. 그 때문에 세상 모든 사람들이 그를 증오하였고 끝내는 측근 신하들마저 그를 두려워하였다. 결국 그는 군대의 한가운데서 백인대대장의 손에 의하여 살해되었다.

막시미누스(Maximinus, 173~238)는 군인의 자질을 갖춘 황제였으나 역시 잔인하여 제위를 오래 유지하지 못하고 반대세력에 의하여 살해되었다.

마키아벨리는 이상 로마의 여러 황제들을 열거하여 그 기질을 설명하고 다음과 같이 말하였다.

"마르쿠스나 세베루스의 행동을 맹목적으로 추종할 수는 없다. 세베루스로부터는 권력의 토대를 구축하는 데 필요한 수단을, 마르쿠스로부터는 이미 안정되고 견고한 제국의 영광을 보존하는 데 적절한 방책을 배워야 한다."148)

마키아벨리의 운명론

마키아벨리는 유난히 운수(運數) 혹은 운명을 강조하였다.

그는 1502년 외교사절로 파견 중 약 1년 동안 잔인하고 호전적인

---

148) 위의 책, pp.65~67.

체자레 보르지아(Cesare Borgia, 1475~1507)의 저택에서 그와 함께 생활한 일이 있다. 레오나르도 다빈치(Leonardo da Vinci, 1452~1519)가 그곳 기사로 채용되어 일을 하고 있는 중이었다. 마키아벨리는 특히 체자레에 관한 기록을 『군주론』에 자세히 썼다. 『군주론』 제7장에 의하면 "군주가 되는 두 가지 방법이 있다. 자기 역량에 의한 경우와 다분히 운수에 따른 경우이다. 그 현대적(당시의)인 예로 프란체스코 스포르자(Francesco Sforza, 밀라노공, 1401~1466)와 체자레 보르지아를 들 수 있다. 전자는 적절한 평가와 자기 자신의 힘만으로 한 평범한 인간으로부터 밀라노의 군주가 되었다. 그가 권력을 장악하기까지는 고생이 많았지만 그 후로 그다지 큰 곤란이 없었다.

한편 체자레(발렌티노공)는 그의 부친(알렉산더 6세)의 덕으로 나라를 얻었으나 운수가 맞지 않아서 나라를 잃었다. 체자레는 비록 타인의 무력과 운수의 힘으로 나라를 얻었지만 그 후 자기 나름대로 세력팽창을 위해 모든 노력을 다하였다. 그는 잔인한 인간으로 통했다. 하지만 그의 잔인함은 로마냐(Romagna)의 질서를 회복하고 이 지방을 통일하여 평화와 충성을 다하는 데 도움이 되었다.[149] 그는 실로 그가 취할 수 있는 모든 방법을 다하였다. 다만 운수가 없어서 그의 부친 알렉산더 6세가 죽고 자신의 병고(病苦)로 인하여 패망하였다"라고 하였다.

이 글에 대하여 마키아벨리는 그의 『군주론』에서 보르지아에게 남긴 알렉산더 6세의 권력과 보르지아의 병고를 너무 과장하여 평가하였다는 비판이 있다.[150] 마키아벨리가 체자레 보르지아 같은 별로 대

---

149) 위의 책, ch.17, p.61.
150) Mcdonald, 앞의 책, p.198.

단치 않은 모험가를 이토록 평가하면서도 그보다 더 중요하고 위대했던 줄리우스 케자르를 비난한 것은 무슨 이유일까? 그 이유를 플라므나츠는 그가 로마의 자유를 구할 수 있었을 터인데 이를 파괴하였다는 데서 찾고 있다.[151]

마키아벨리가 자유 정부에 대하여 언급한 글은 크게 주목된다. 그의『공화국론』제2권 제2장에서 "국가가 그의 지배영역을 확장하거나 수입을 증대하는 일은 단기적인 사업이고 장기적으로는 국민의 자유를 누리게 하는 일이다"라고 하였다. 마키아벨리는 국가를 강력하고 모험적이며 번창하게 하는 것은 시민의 공공선(公共善)을 위한 건실한 선택이며 이는 공화국에서 가능하다고 하였다. 공공선이 다수의 이익을 가져오며 다수의 의지는 언제나 공화국에서 효과적으로 발휘되기 때문이다. 공화국에서 인민은 군주에 비해 탐욕이나 질투, 의혹을 덜 느끼며 인민정부는 왕정이나 과두정(寡頭政)보다 더 고상하고 관용적이며 진취적 존재라고 하였다.[152]

마키아벨리의『군주론』에 나오는 운명론을 요약하면 다음과 같다. "원래 세상일이란 운명과 신이 지배하는 것이다. 아무리 인간이 용의주도하게 살아간다 해도 세상 흐름을 바꿀 수는 없으며 또 어떤 대책도 무용지물이 되는 경우가 많다. 다시 말하여 피땀 흘리며 노력할 필요 없이 운명의 신에 의지하고 살아가야 한다는 뜻이다. 세상일은 한 치 앞을 예측할 수 없을 정도로 격변을 거듭하고 있다. 하지만 우리는 결코 우리의 자유의지를 잃어서는 안 된다. 운명의 신은 무서운 파괴력을 가진 강물에 비유할 수 있다. 강물이 일단 노도(怒濤)로 변

---

151) 플라므나츠, 김홍명 역, 『정치사상사』 1(서울, 풀빛, 1986), p.83.
152) 위의 책, p.84.

하면 제방을 넘어 들판을 휩쓸고 수목이나 가옥을 파괴하며 누구도 저항하지 못하고 도망치게 한다. 평온할 때에 미리 제방이나 둑을 쌓아 방비를 하면 후일 강물이 범람해도 모두 운하 쪽으로 흘러 맹위를 잃게 된다. 운명도 이와 같다. 세상의 변화에 따라 자신의 나갈 길을 일치시키는 군주는 성공하고 시대와 자신의 처신이 어긋나는 군주는 곤란을 면치 못한다. 운명의 신은 여신이다. 그녀를 정복하려면 용맹해야 한다. 운명은 유순한 자보다는 폭력적인 사람을 더 두려워한다. 운명은 젊은이를 사랑한다. 젊은이는 거칠고 재빠르고 과단성이 있는 법이다.”153)

---

153) 마키아벨리, 임명방 역, 『군주론』(서울, 삼성당, 1977), pp.137~138.

제6장

사회계약이론

유럽사회의 변화

마키아벨리가 살았던 15세기 말부터 16세기 초에 이르기까지 유럽사회는 엄청난 변화를 겪었다. 즉, 문예부흥에 이어 우리가 잘 알고 있는 지리상의 발견과 종교개혁이 일어났다.

폴란드의 수도사 코페르니쿠스(Copernicus, 1473~1543)는 지동설을 증명하였고 이탈리아의 갈릴레오(Galileo Galilei, 1564~1642)가 이를 확인하였다. 그는 종교재판에 회부되어 지동설의 취소를 강요받았으나 '그래도 지구는 움직인다'라는 유명한 말을 남겼다.

이탈리아 제노아(제노바) 출신의 콜럼버스(Columbus, 1451~1506)는 1492년 대서양을 횡단하여 살바도르에 이르렀고 1519년 마젤란(Magellan, 1480~1521)은 남미대륙 서단의 마젤란을 돌아 처음으로 태평양에 들어갔다. 한편 독일 비텐베르그(Wittenberg) 신학대학 교수였던 마르틴 루터(Martin Lutter, 1483~1546)는 교황 레오 10세의 면죄부 판매를 비난하며 95개조의 항의문을 내놓았다. 1519년 스위스 쯔빙글리(Zwingli,

1484~1531) 역시 면죄부 판매에 반대하고 종교개혁을 일으켰다.

1534년 영국의 헨리 8세(Henry Ⅷ, 1509~1547)는 수장령(Act of Supremacy)을 의회에서 통과시켜 영국국왕이 영국국교회(Anglican church)의 수장이며 종교상의 최고권을 가진다고 규정하였다. 프랑스에서는 스위스에서 돌아온 칼뱅(John Calvin, 1509~1564) 신교들의 탄압으로 신구 양파 간 대립이 격화되어 이른바 위그노 전쟁(War of Huguenot, 1562~1598)이 벌어졌다. 이 전쟁은 30년 동안 계속되었다.

1572년에 자행된 성 바르톨로뮤 학살사건(St. Bartholomew, 앙리 3세와 샤를 9세의 누이 결혼식 날 벌어진 사건)은 사흘 낮, 사흘 밤 동안 약 2천 명의 신교도가 학살된 일이 있었다. 결국 위그노파의 두목인 부르봉가의 앙리 4세(1589~1610)가 즉위하여 1598년 낭트칙령으로 신구양파에 신교의 자유를 허용하였다.

무적함대에 놀라 태어난 홉스

홉스(Thomas Hobbes, 1588~1679)는 1588년 영국 월트셔(Wiltshire)주 웨스트포트(Westport)에서 국교회 목사의 아들로 태어났다. 그의 어머니가 당시 스페인의 무적함대 침범소식을 듣고 놀라 조산하였는데 이를 두고 홉스는 스스로 '공포와 쌍둥이'라고 하였다. 그의 아버지는 교양 없는 목사였다. 그는 무식하고 성미가 사나웠으며 사람들과 곧잘 다투었다. 그는 트럼프 놀이로 밤을 지새우고 다음 날 설교단에서 잠꼬대를 했던 일, 혹은 교회 현관 앞에서 교구목사와 다툰

일 등으로 파면되어 가족들을 남겨두고 멀리 도망쳐 떠났다. 홉스는 부득이 숙부에 의하여 양육되었다. 1608년 옥스퍼드 대학을 졸업한 후 데본셔(Devonshire) 백작의 가정교사로 들어갔다. 그는 그곳에서 풍부한 장서와 생활의 여유를 얻어 학문에 몰두할 수 있었다. 1628년 백작이 사망한 후 한때 베이컨(Francis Bacon, 1561~1626)의 비서 일을 보았다.

영국 청교도혁명이 일어났을 때(1646), 그는 프랑스로 망명하여 그곳에 체류하였다. 1648년 찰스 1세가 처형당하자 파리로 망명한 귀족들은 그의 아들 찰스 2세를 옹립하여 망명정권을 만들었다. 홉스는 국왕의 수학교사로 초빙되었다. 1651년 홉스가『리바이어던(*Leviathan*)』을 출판하였는데 그 일로 궁정귀족들과 대립하여 파리를 떠났다. 그는 부득이 영국으로 돌아가 크롬웰 정부에 충성을 맹세하였다. 1658년 혁명정부는 크롬웰의 사망으로 쇠퇴의 길을 걸었고, 드디어 1660년 찰스 2세의 왕정이 복위되었다. 왕이 망명지에서 돌아올 때 홉스도 환영 군중 속에 끼어 있었다. 왕은 그에게 궁정 출사(出仕)를 허용하고 후에 연금을 주어 과거 자신의 스승을 대접하였다.

홉스의 생애는 간단히 말하여 죽음의 공포와 생명유지, 절대주권과 절대복종이 표리 일치한다는 것을 말해준다.[154]

---

154) 브로노프스키, 매즐리슈 공저, 차하순 역, 『서양의 지적 전통』(서울, 홍성사, 1981), p.265.

『리바이어던』 - 인공국가

홉스는 자연과학에 기초를 둔 분석, 종합의 방법과 주로 연역적 추론의 기법을 원용한 점에 그 특이성이 있다. 홉스 철학의 기본개념은 운동이며 그는 운동양식을 기본으로 자연현상은 물론 인간의 행동과 정부활동까지도 설명하려 하였다.[155] 그는 『리바이어던』 서문에서 자신의 철학을 다음 세 부분으로 분류하였다. 즉, ① 물체의 속성(유물론), ② 인간관(심리학), ③ 시민 정부 및 시민의 의무(정치학)이다. 이 분류는 주희의 격치(格致: 자연의 이치를 터득함), 수기(修己: 인격 도야), 치인(治人: 공동체 의식)과 비슷하다. 주자의 항목에서 설명하겠다.

그의 정치철학은 당시 학자들로부터 결정론적이고 무신론적, 유물론적이라는 비판을 받았다. 그는 사람도 역시 하나의 물체 혹은 운동하는 기계에 비유하여 설명하였다. 즉, "인간의 생명이란 사지(四肢)의 운동에 불과하다. 예를 들면 스프링이나 회전바퀴에 의하여 자동적으로 돌아가는 시계처럼 인간도 스스로 움직이는 기계와 같다. 인간의 심장은 스프링이요, 신경은 수많은 줄이며 관절은 바퀴에 비유할 수 있다. 자연이 신의 창조물이라면 사람도 신의 창조를 모방하여 인공동물을 만들 수 있다. 정치공동체, 즉 국가는 인간이 만들어낸 보다 차원 높은 창작품이며 이를 우리는 인공적 국가 혹은 리바이어던(Leviathan)이라 부른다. 국가의 주권은 몸 전체에 생명과 행동을 부여해준 인공적 혼(魂)이요, 각부 장관이나 그 밖의 관리들은 인공적 관절이다. 국민의 안전은 국가의 사업이고 고문관들은 기억(記憶)에 해

___

155) 이환구, 『정치사회사상사』(서울, 형설출판사, 1994), p.31.

당하며 형평과 법은 인공이성(人工理性)이다. 조화는 건강이고 반란은
병환이며 내란은 죽음이다"[156]라고 하였다.

홉스의 자연상태-평등과 정의

홉스는 그의 『리바이어던』 제13장에서 인간은 태어나면서부터 평
등하다고 하였다.

인간의 신체와 정신적 능력은 태어나면서부터 평등하다. 가끔씩
한 사람이 다른 사람에 비하여 신체적으로 강하고 정신적으로 영민
한 것처럼 보이겠지만 모든 면을 종합하여 평가하자면 그 차이는 거
의 같다. 가령 신체가 약한 사람이라도 그가 위험에 처할 경우 자신
과 같은 입장에 있는 사람과 공모하여 가장 강한 자를 죽이기에 충분
한 힘을 발휘할 수 있기 때문이다. 이러한 능력의 평등에서 사람들은
그들 목적을 성취함에 있어 희망의 평등이 생긴다. 만일 두 사람 이
상이 같은 것을 희망하고 그것을 모두 같이 공유하지 못한다면 그들
은 서로 적(敵)이 된다. 각자 그들 목표를 달성하는 과정에서 서로를
굴복시키거나 멸망시키도록 노력한다. 인간은 그들 모두를 두렵게 하
는 공통의 힘이 없는 경우 '만인의 만인에 대한 투쟁상태'를 초래한
다. 이런 상태에서는 정(正)과 사(邪), 정의(正義)와 부정의(不正義)의 관
념이 없으며 법이 존재하지 않는다. 오직 폭력과 사기만이 기승을 부
리며 어떤 소유나 지배도 있을 수 없다.

---

156) Thomas Hobbes, *Leviathann*(Everyone's Library), Introduction, p.3.

홉스의 자연법과 정의

홉스에 의하면 위와 같은 '만인의 만인에 대한 투쟁상태'에서 사람들은 자신의 생명을 보존하기 위하여 자기의 판단에 따라 최선의 노력을 행할 자유를 갖고 있다. 이러한 권리가 바로 자연권(自然權)이요, 자연법(自然法)이다. 자연법은 인간이 자기 생존보전을 위하여 이성(理性)을 발휘하여 고안한 일단의 여러 원칙이다. 제1~3자연법이 있다.

제1자연법은 생명보전의 권리이다.

제2자연법은 자기의 생명보전을 위하여 자연권을 포기하는 것이다.

제3자연법은 사회계약의 체결이다. 인민들은 그들이 체결한 신약을 이행해야 할 의무가 발생한다.

정의의 원천은 바로 이러한 자연법에 존재한다. 사회계약이 선행하지 않는 곳에서는 어떤 권리도 양도될 수 없으며 모든 사람이 모든 것에 대한 권리를 가지고 있기 때문에 어떤 행동도 정의 혹은 부정의라고 할 수 없다. 하지만 계약을 체결한 이후 이를 위반하면 그것은 바로 부정의다. 다시 말하여 부정의(不正義)란 계약의 위반을 말하며 정의(正義)의 반대말이다. 따라서 정의와 소유권은 국가의 성립과 더불어 비롯되는 것이다.

스콜라 철학자들이 규정한 정의(正義), 즉 '모든 사람들에게 각자의 것을 주는 불변의 의지'라는 말을 상기할 때, '각자의 것', 즉 소유권이 없는 곳에 정의란 존재할 수 없다. 강제적 힘이 통용되지 않는 곳에서는 모든 사람이 모든 것에 대한 권리를 주장할 수 있다. 그것은 소유권이 없기 때문이다. 따라서 정의의 본질은 사회계약을 준수하는 데 있다.[157]

홉스가 주장하는 정의를 요약하면 다음과 같다.

첫째, 정의와 소유권은 국가의 설립과 더불어 발생하며 그 본질은 인민이 유효한 신약을 지키는 데 있다. 즉, 정의는 신탁의 준수 혹은 법의 준수로 환원된다.

둘째, 정의의 실천은 교환적 정의와 분배적 정의로 분류한다. 전자는 산술적 비교에 후자는 기하학적 비례에 존재한다고 알려져 있다. 다만 사물의 가치는 계약자의 욕구에 의하여 측정되기 때문에 그 가치의 평가는 그들이 서로 만족하는 데 있다고 본다. 분배적 정의는 중재권을 가진 자의 정의라고 말할 수 있다. 중재권을 가진 자가 신약 당사자들의 신뢰를 바탕으로 이를 형평성 있게 분배하는 것이 정당하다.

홉스가 살아온 시대적 환경을 보면 그는 태어날 때부터 생명의 위협(스페인의 무적함대 출현과 영국의 혁명)을 받고 살았다. 또한 당시의 무능한 군주로 인하여 내란이 일어나 생명의 위협을 느꼈고 결국 인민의 생존권을 위해서는 절대군주제가 최상의 대안이라고 생각했다.

---

157) 위의 책, 제15장, 한승조 역, 『리바이어던』(서울, 삼성출판사, 1977), pp.236~237.

명예혁명과 로크

로크(John Locke, 1632~1704)는 영국의 청교도 가정, 소지주 출신 변호사의 아들로 태어났다. 아버지는 의회당 소속으로 의회당의 기병 대장에 출전한 일이 있으며 아들 로크의 정치사상에 많은 영향을 미쳤다.

로크는 홉스와 같은 지역(영국의 남서부)의 링턴(Wrington)에서 태어났다. 당시 홉스(Hobbes)는 44세였다. 로크가 10세인 1642년에 청교도혁명(1642~1660)이 일어났고, 17세 때 찰스 1세(Charles 1)가 처형되었다. 로크는 20세 때 독립교회파에 속한 옥스퍼드 대학에 입학하여 철학, 과학, 의학 공부를 하였다. 그가 26세 되던 해(1658)에 사실상 왕권적 전제정치를 행하였던 호민관 올리버 크롬웰(Oliver Cromwell)이 죽었다. 그 뒤 로크는 애슐리경(Lord Ashley, 1621~1683)의 시의(侍醫), 비서 겸 가정교사로 근무하였다. 경은 유명한 샤프츠베리 백작(Earl of Shaftsbury)이 되었으며 의회파인 위그(Whig)당의 창설자였다. 당시 영국의 정치상황은 올리버 크롬웰의 무능한 아들 리처드 크롬웰(Richard Cromwell)의 통치(1658~1660)가 끝나고 왕정이 복고되던 때였다. 찰스 2세(1660~1685)와 그의 동생 제임스 2세(1685~1688) 형제는 역시 당시의 영국을 이끌어갈 능력이 없는 군주였다. 찰스 2세 말기에 샤프츠베리 백작은 망명지 홀란드에서 사망하고 로크도 같이 그곳에 망명하여 저술에 몰두하였다. 1688년 명예혁명이 일어나고 1690년 로크는 '정치에 관한 두 논문'을 썼다.

로크의 평화적 자연상태

로크가 주장하는 자연상태는 홉스처럼 무질서와 혼란이 판치고 약육강식(弱肉强食)하는 투쟁상태가 아니다. 인위적인 공동기관이나 실정법은 없어도 사람들은 상호 협조적이고 그들 간에 통용되는 자연법이 있었다. 따라서 자연상태는 질서와 이성이 지배하는 평화스럽고 행복한 상태다. 다만 실정법이나 공정한 재판관, 집행자가 없는 전정치적(前政治的) 상태에 불과하다.

로크에 의하면 인간은 이성적인 존재이며 자연상태하에서는 모든 사람들이 자유롭고 평등한 독립적 존재이므로 다른 사람들의 생명, 건강, 자유, 생명, 재산을 침해할 수 없다.

로크의 자연상태는 극한적인 투쟁상태가 아니며 주권의 절대성이 정당화될 수 없다. 그는 주권개념보다는 정치권력이란 용어를 사용하였다. 로크 역시 사람은 태어나면서부터 평등하나 모든 사람이 항상 동등할 수는 없다고 하였다.

그의 주된 관심사는 사람의 생명보존의 차원을 넘어서 그들의 자유 및 시민적 자율권과 그에 관련된 생활의 질이다. 로크가 주장한 자유는 주로 재산에 관한 것을 포함하며 재산은 생명, 건강, 부동산 등 인간이 바라는 모든 욕구를 충족해줄 수 있는 수단이다. 그는 정치이론에서 권력분립, 입헌군주제, 다수결원리 등으로 명예혁명을 정당화하였다.

파란만장(波瀾萬丈)한 루소의 생애

　루소(Jean Jacques Rousseau, 1712~1778)는 스위스 제네바에서 태어났다. 그의 아버지(Issac Rousseau, 1680~1745)는 시계상이며 댄스교사를 겸하였고 어머니는 루소 생후 10일 만에 산욕열로 사망하였다. 1722년 아버지가 프랑스 군인과 싸움을 한 죄로 제네바를 떠나자 루소는 부득이 고아가 되었다. 그는 어릴 때부터 독서를 좋아했으나 정식교육을 받지 못하였다. 1726년 도제생활을 하였고 1728년 제네바를 떠나 프랑스로 건너갔다. 그곳에서 친구를 사귀며 방랑생활을 하던 중 바랑부인(Madame de Warens, 1699~1762)의 보호를 받았다. 1731년부터 약 10년 동안 부인의 집에서 많은 서적을 읽고 학문연구에 몰두하였다. 파리에서 음악공부를 하였으며 백과전서파 계몽사상가인 디드로(Denis Diderot, 1713~1784)와 사귀었다. 1745년 그는 자신의 숙소에서 일하던 데레스(1721~1801)를 만나 5명의 아이를 낳았다. 루소는 너무 가난하여 아이들을 모두 고아원으로 보냈다. 아내 데레스는 문맹으로 시계나 요일도 볼 줄 몰랐다. 하지만 그는 그녀와 살면서 사람들에게 감동을 주는 것이 무엇인가를 터득하였다. 인간에게 공통적인 것은 논리나 이성이 아니라 감정과 정서임을 깨달았다. 그의 이 순박한 부인과의 생활은 이른바 '정서의 부활', 즉 그의 감성주의적 흐름에 큰 영향을 미쳤다. 1750년 그는 디종(Dijon) 아카데미가 모집한 현상논문에 당선되어 유명해졌다. 『인간불평등기원론』(1753), 『에밀』(1762), 『사회계약론』(1762), 『고백록』(1770) 등 다수의 글을 썼다.

　루소 생존 당시의 프랑스는 태양왕 루이 14세(Louis 14, 1643~1715)

의 전제정치와 무능한 루이 15세(1715~1774), 루이 16세(1774~1792)의 왕정으로 이어졌다. 루소가 죽은 11년 후(1789)에 프랑스 대혁명이 일어났다.

루소의 자연상태와 인간불평등기원론

루소는 그의 『에밀』에서 인간은 원래 착하지만 사회가 발달함에 따라 타락하였다는 기본적인 신념에서 출발한다. 자연상태와 인간불평등에 관한 내용은 주로 루소의 「과학, 예술론」(1750년 디종 아카데미 현상논문)과 「인간불평등론(1755)」에 나타나 있다. 그 주요 내용들을 요약해보면 다음과 같다.

자연상태에서 인간은 다른 사람들과 교섭이 없는 외로운 존재였다. 수풀 속을 헤매며 주거도 가정도 언어도 없었다. 다른 인간들을 필요로 하지 않았고 따라서 남을 해치려는 욕구도 없었다. 원시상태의 인간은 생각하고 추리하거나 미래에 대한 관념이 없는 순수한 자연인이었다. 지식이나 이성, 소유, 기술 등에 오염되지 않는 자연 그대로의 인간은 이처럼 자유롭고 평등하며 행복하였다. 인간들이 형성한 최초의 사회는 가족이다. 자녀들은 자기 생존을 위하여 부모를 필요로 하게 되고 이 일은 다른 인간관계로 확대된다. 인간 상호의 협동관계가 긴밀해짐에 따라 언어가 발달하고 마침내 인간은 이성, 오성 등을 가진 도덕적 존재로 발전한다.

인간은 사회를 통하여 가치관념을 갖고, 권리와 의무를 인식하는

도덕적 존재가 될 수 있지만, 또한 사회 안에서 악덕에 빠지고 불평
등한 존재가 된다. 인간의 부패와 타락, 불평등의 원인은 과학 및 예
술의 발달에 있다.

그는 『에밀』의 첫 구절에서 "모든 것은 조물주의 손을 떠날 때는
선하지만 인간의 손에 들어오면 악하게 된다"라고 하였으며 심지어
"인간들이여, 악을 만든 자를 더는 찾지 말라. 장본인은 그대 자신이
니라"라고 하였다.

사회의 발달은 구체적인 단계로 보아 자급자족적인 가족에서 출발
하여 농업경제가 지배하는 사회로 진행된다. 토지의 경작과 관개, 금
속물질을 사용하면서 계속적인 토지점유와 부의 축적으로 빈부의 격
차가 생긴다. 인간불평등이 커지고 부자들은 가난한 자들을 지배하며
가난한 자들은 이에 분노하고 혹은 이들을 선망한다. 인간은 원래 선
하고 겁이 많아 평화를 선호한다. 하지만 사회 안에서 다른 사람들의
경쟁자나 적이 된다.

루소는 악의 원인을 원죄나 신의 탓이 아니고 사회 속에 있다고 보
고 악의 문제를 세속화하였으며 신학으로부터의 해방을 도모하였다.
그는 당시의 도덕적 타락과 불평등에 관하여, 사회개량을 통하여 인
간들이 자기 자신을 완성할 수 있다는 새로운 문제를 제기하는 선구
가 되었다.[158]

---

158) 브로노프스키, 매즐리슈, 차하순 역, 『서양의 지적 전통』(서울, 홍성사, 1981), p.358.

루소의 고귀한 미개인

토마스 모어(Thomas More, 1478~1535)의 [유토피아][159]와 신대륙 발견등에서 발달된 '고귀한 미개인(Noble savage)'의 관념은 루소 시대에 하나의 이상상(理想像)으로 널리 일반인들에게 퍼졌다. 예를 들어 북아메리카의 미개인들은 금, 은을 천하게 여겼다는 여행 보고서가 있다. 그들은 산림 속에서 소집단을 이루고 자유롭고 평화스런 생활을 누리고 살았다.[160] 그들은 자신의 삶을 감상적으로 즐겼고 다른 사람들의 고통을 가련히 여길 줄 아는 존재였다. 이들에 관하여 루소는 '자기존경(Self-respect)'이라는 말을 사용하였다. 이 말은 자기 자신을 사랑하며 자신의 존재를 높이 평가한다는 뜻이다.

이들 '고귀한 미개인'은 항상 자기 자신의 내면을 소중히 여기고 다른 사람들의 평가에 의존하지 않는다. 반면 사회적인 인간들은 자기 자신의 외부에 관심을 집중하며 남들의 평가에 의하여 비로소 자기 자신을 확인한다. 세상 사람들은 찬란한 문명과 철학, 숭고한 도덕에 둘러싸여 있으면서도 스스로의 존재에 대하여 무관심하고 항상 가식적인 외관에만 집착한다. 외관이란 변덕스럽고 거짓으로 가득 차 있다. 헛된 명예나 위선, 오만, 육신의 쾌락 외에 자신의 것이란 아무 것도 없다.[161]

루소에 의하면 자기에 대한 존경심은 다른 사람들과 접촉하면서 타락하고 자만에 빠지기 시작한다. 자만 혹은 자기애(自己愛)란 자기

---

159) Thomas More는 유명한 『유토피아』(1516)를 쓴 영국의 추기경이다. 자세한 내용은 제9장에 나온다.

160) 차하순 역, 앞의 책, p.366.

161) 위의 책, p.368.

중심의 이기적 관심이며 다른 사람들에 대한 우월감을 과시하는 것이다.

루소가 바라는 '정의로운 사회'란 자만을 억제하고 자신의 존재를 발현할 기회를 마련하는 도덕사회의 건설이다.[162] 그것은 정치적으로 자유로운 사회, 불평등이 없는 사회를 말한다.

루소의 정의관

루소는 자유, 평등의 선구자이면서도 비평등적이고 전체주의적 양면성을 갖고 있다는 비판을 받고 있다.

루소는 그의 저서들에서 '공동체를 추구한다는 명목으로 개인을 부정하는 정의관'을 반대하였다. 이른바 '공동선'을 위한다는 구실은 인민들에게 가장 위험한 재앙이다. 루소는 "정부에게 필요하면서도 가장 어려운 과제는 모든 사람에게 정의를 보장할 수 있는 공명정대한 정책을 실현하는 일이다. 한 사람의 시민이라도 억울하게 희생되거나 부당하게 투옥되는 일, 사건 하나라도 명백한 불의에 의하여 패소판결을 받는 일은 없어져야 한다. 모든 시민은 공동선이라는 미명하에 법을 무시하고 희생을 강요하는 자에 대항하여 저항할 권리를 갖는다. 또한 시민들은 신(神)은 전지전능하고 자비로우시며, 정의로운 자는 행복하고 사악한 자는 벌을 받는다는 신념을 가져야 한다.

---

162) C. J. Friedrich, *An Introduction to Political Theory*, 서정갑 역, 『정치사상강좌』(서울, 법문사, 1977), p.179.

사회계약과 법의 존엄성을 믿어야 한다. 자유란 책임감이 따라야 하고 도덕적 행위는 자유를 전제로 이루어져야 한다. 자유는 법을 통한, 법의 보호 속에 있는 자유다. 자유는 결코 방종이 될 수 없으며 다수결에 의하여 채택된 법률에 따르는 행위를 의미한다는 것을 명심해야 한다"[163)라고 강조하였다.

한편 루소의 평등개념은 무엇보다도 그의 불평등론을 거부하는 데 그 기반을 갖고 있다. 즉, 그의 평등개념은 부정적인 것이며 그 어떤 특권도 있을 수 없다는 규범적 명제이다. 그가 말하는 불평등은 문명의 발전과정에서 생겨난 재산제도에 유래한다. 따라서 그는 부(富)에 있어서 불평등이 심화되는 일을 경계한다. 즉, 재산 소유자가 사람을 매수할 정도로 많은 부(富)를 누리고 있다던가, 혹은 가난한 자가 너무 가난하여 몸을 팔 정도가 되어서는 안 된다고 하였다.[164)

루소의 자유, 평등사상은 1776년의 미국 독립혁명과 1789년 프랑스혁명에 지대한 영향을 미쳤다. 구체적으로 프랑스혁명의 인권선언은 자유, 재산, 압제에 대한 반항권, 참정권, 법 앞에 평등 신앙, 언론의 자유 등을 규정하고 있다. 로크와 칼 맑스는 모두 거대한 혁명에 직접 연관이 있고 또 혁명을 명백하게 긍정적으로 받아들였는데 루소는 그렇지 않다. 그럼에도 사실상 루소를 반대하였던 프랑스혁명의 과격파인 자코뱅 클럽(Jacobins club)의 작은 방에 루소의 초상화가 걸렸던 것은 바로 그의 평등에 대한 신념과 관심이었다.[165)

---

163) 서정갑 역, 위의 책, p.178.
164) 위의 책, p.172.
165) 위의 책, p.176.

제7장

정주자(程朱子)의 성리학

조선조 5백년의 통치이념이 되어 역사의 굴곡을 주도하였던 성리학은 지금도 우리 사회의 도처에서 영향력을 가지고 있다. 우선 이에 관련된 학자들의 사상적 근원을 알아보자.

주희의 나라사랑

　주희(朱熹, 1130~1200)는 남송(1127~1279)때 사람으로 14세에 부친과 사별하고 19세에 진사시험에 급제하였다. 송의 고종, 효종, 광종, 영종 4대에 역사하였고 벼슬은 65세 때 보문각 시강에 임명되어 『대학』을 진강하였다.

　당초 송(북송)은 신, 구법당(新, 舊法黨)으로 갈라져 각축을 다투고 상류계급은 사치와 향락에 빠져 있었다. 임금(휘종, 재위 1100~1125)은 풍류와 예술밖에 모르고 있다가 드디어 요(遼)와 금(金)의 침공을 받았다. 휘종과 그의 아들 흠종(재위 1125~1127)이 만주에 끌려가 금 태종 앞에 무릎을 꿇었다. 이 사건을 '정강의 변(靖康의 變, 1027)'이라 한다. 송(북송)은 망하고 휘종의 제9자가 응천부(하남성)로 피난하였다. 나라 이름을 남송(南宋)으로 고치고 송의 명맥을 유지하였다. 그동안 중국은 중화(中華)요, 이민족은 오랑캐라 하여 멸시하던 한족(漢族)의 자존심이 땅에 떨어져 이에 대한 적개심이 하늘을 찔렀다. 얼마

안 되어 북쪽에서 몽고가 일어나 금도 남송도 모두 원(元)의 지배하에 들어갔다. 이런 상황에서 주희를 비롯한 지식인들은 중화를 회복하겠다는 대의명분을 내세우고 양이(攘夷)를 주장하였다. 한편 당시 남송은 강남의 개발이 크게 진행되어 물자가 풍부하고 사람들은 환락과 가무(歌舞)에만 빠져 있었다. 외척 한탁주(韓侂胄, 1151~1202)가 권세를 부리고 있어 주희 일파와 대립하였다. 그가 살았던 남송은 공맹(孔孟)의 춘추전국시대처럼 중국대륙이 혼란을 거듭하고 있던 때였다.

주희의 성리학 계통

주희는 공자, 맹자와 주장이정(周張二程)의 전수 계통을 잇는 유학자로 알려져 있다. 주돈이(周敦頤 주염계, 1017~1073), 장재(張載, 장횡거, 1020~1077), 정호(程顥, 정명도 1032~1085), 정이(程頤, 정이천, 1033~1108)는 북송의 대학자다. 정호, 정이는 형제이고 주돈이는 그들 부친의 친구이며 장재의 사촌이다. 주돈이는 태극도설을 주장하였고 장재는 기(氣) 철학을, 정이는 이(理)의 개념을 제시하였다.

주돈이는 "무극(無極)이 태극이다. 태극의 동정(動靜)에 의하여 양의(兩儀: 陰陽)가 성립하고 양의 변화와 음의 결합에 의하여 오행(水, 火, 木, 金, 土)이 생겨난다"라고 하였는데 이는 주역(周易)의 계사(繫辭)에서 가져온 개념이다. 장재는 태극을 기(氣)라 하였고, 정이는 '이(理)는 그 자체로 완벽하다'고 하였다. 주희는 이상의 이론들을 종합하여 '이(理)는 사물의 극(極), 즉 궁극적 표준이요, 천지만물(天地萬物)의 이(理)

를 총괄한 것이 태극'이라 하였다.

유학의 경전에 나오는 도(道), 천(天), 태극(太極) 혹은 인(仁), 성(性), 성(誠) 등 개념은 분명 형이상학적인 의미를 담고 있으나 이들 개념 간의 상호관계와 통일성이 분명치 않다. 주자는 이런 상황에서 인간과 세계에 관한 포괄적 인식체계를 수립하여 이(理)와 기(氣), 즉 이기론(理氣論)을 내놓았다.[166]

주희의 이기론

이(理)와 기(氣)의 개념에 관하여 일부 학자는 아리스토텔레스 철학의 형상과 질료로 설명하고 혹은 이성과 감성으로 구분하여 이해하는 입장도 있다. 하지만 주자의 이(理)는 신적(神的)인 것이 없고 기(氣)가 물질적 속성만을 가지고 있는 것도 아니다. 그리고 이기는 인식론상의 개념뿐 아니라 우주론적 내용을 담고 있어 이를 형상과 질료 혹은 이성과 감성으로 일치시켜 유추하는 데는 한계가 있다.[167]

성리학에서 이기(理氣) 개념은 유가철학의 세계관과 인간관을 보다 통일적 체계적으로 이해하려는 시도였다. 성리학자들은 이 세상이 이(理)와 기(氣)로 이루어졌다고 주장한다. 음양오행이란 기(氣)의 요소로 구성되고 이는 무형적, 보편적 원리인 이(理)에 내재하는 것으로 본다.

이와 기의 선후관계에 관하여 주자는 '이(理)가 있은 다음에 기(氣)

---

166) 이남영, 「쟁점으로 본 한국 성리학의 심층」, 조명기 외, 『한국사상의 심층이해』(서울, 우석, 1986), p.207.
167) 위의 책, p.207.

가 있다'고 하였다. 예컨대 군신(君臣)이 없을 때에도 군신(君臣)의 이
(理)가 먼저 있고 어린아이의 경우도 그가 태어나기 이전에 부모에게
효도해야 한다는 이(理)가 먼저 존재한다.

인간의 육체적 혈기(血氣)와 지각지심(知覺之心)은 기(氣)에 해당되
고 인의지심(仁義之心)은 이(理)라고 하여 마음을 인심(人心)과 도심(道
心)으로 나눈다. 인성은 기질지성(氣質之性)으로 기(氣)이고 본성은 본
연지성(本然之性)으로 이(理)이다. 주희는 사단(四端)은 이(理)의 발이요,
칠정(七情)은 기(氣)의 발이라 하였다. 사단(四端)은 인의예지(仁義禮智)
의 단서인 측은(惻隱), 수오(羞惡), 사양(辭讓), 시비(是非)의 넷을 뜻하
며168) 칠정(七情)은 희로애구애오욕(喜怒哀懼愛惡欲)169)을 말한다.

주희의 사상체계에서 성(性)과 심(心)은 서로 다르다. 성(性)은 추상
적이고 심(心)은 구체적이다. 심(心)은 생각하고 느끼는 활동을 할 수
있지만 성(性)은 보편성 있는 원리에 해당된다. 정자(程子)의 말대로
'성즉이(性卽理)'이다 주희는 이(理)와 태극, 성(性)과 도(道)를 같은 맥
락에서 논의하고 있다.

주희의 격치론(格致論)

격치론은 격물치지 성의정심 수신제가 치국평천하(格物致知 誠意正
心修身 齊家治國平天下)에 관한 논의다.

『대학』의 수양방법은 격물(Investigation of things), 치지(Extension of
knowledge)로부터 시작한다. 격물의 목적은 영원한 이(理)에 관한 우리
의 지식을 넓히는 것이다. 주희는 격물치지, 즉 유교경전과 주정자의

---

168) 성백요 역, 『맹자집주』(서울, 전통문화연구회, 1996), 「공손축편」.
169) 권오돈 역, 『예기』, 「예운편」.

이기론을 먼저 터득해야 그 후의 덕목(誠意正心修身 齊家治國平天下)을 실천할 수 있으며 사물의 이치를 제대로 궁구(格物致知)하지 못하면 수 기치인(誠意正心修己 治人:修身齊家治國平天下)도 제대로 이루어질 수 없 다고 하였다. 한마디로 주희의 격물론은 사물의 이치를 완전히 궁구하 는 것이다. 사물을 대강 알고 있는 정도는 이에 속하지 않는다. 겉으로 들어나는 측면에서 그 내면의 의미까지를 철저히 연마해야 한다.

이상 8조목을 구분해서 설명하면, '격물, 치지'에서 자연의 이치를 궁구하고 '성의, 정심, 수신'에서 인간의 도리를 다하며 '제가, 치국, 평천하'에서 사회질서에 순응하는 과정을 거친다. 앞서 논의한 홉스 사상에서 ① 물체운동은 주자의 격치(格致)에 해당되고, ② 인간, ③ 시민의 의무론(국가론)은 수기치인에 해당될 수 있다.

이황과 이이의 성리학

퇴계 이황(1501~1570)은 주희를 존경하고 그의 성리학을 신봉하였 다. 그는 주희의 성리학 폭을 더욱 심화, 확장하여 이른바 퇴계사상의 바탕을 이루었다. 그의 이론은 '이발이기수(理發而氣隨)'로 요약할 수 있으며 그는 60세 때부터 7년간 기대승(1527~1572)과 사칠논변(四七 論辯)을 벌였다.

이이의 이기론 특징은 '기발이이승일도설(氣發而理乘一途說)'이다.

이들의 정책대안으로 이황의 '무진육조소'와 이이의 '시무육조', '10 만양병설'이 유명하다.

이황과 기대승의 이기론(理氣論) 논쟁

이황은 이기론의 사단칠정(四端七情)과의 관계에 대하여 '사단은 이(理)에서 발하고(四端發於理), 칠정은 기(氣)에서 발한다(七情發於氣). 즉, 사단이지발(四端理之發), 칠정기지발(七情氣之發)'을 주장하였다. 이기(理氣)는 결코 이물(理氣決是二物)이며 이기는 호발(互發)한다. 사단의 발(發)은 순수한 이(理)로서 선(善)하지 않음이 없고 칠정의 발은 선도 있고 악도 있다고 하였다. 한편 기대승은 칠정은 이른바 인간의 정(情)의 총칭이며 사단(四端)은 칠정(七情) 중에 선(善)의 일부분을 가리키는 것으로 보았다. 기대승은 이기공발(理氣共發)이라 하여 이기가 동시에 공발한다는 입장으로 이황의 이기선후호발(理氣先後互發)과 차이가 있다.

이황이 이(理)에 주체적 성격을 부여하고 이기귀천(理貴氣賤: 이는 귀하고 기는 천함)으로 기울어진 것은 당시 사회가 정권쟁탈과 사화(士禍)로 점철되어, 천리(天理)와 인욕(人慾)이 뒤섞이고 정의(正義)와 권세를 분간할 수 없게 됨에 땅에 떨어진 사회기풍을 바로잡기 위한 해법이었다는 주장이 있다.[170]

주희는 그의 친구 진양(陳亮, 1143~1164)과 열띤 토론에서 다음과 같은 주장으로 정치현실이 원리(原理)에 미치지 못함을 개탄하였다.

"1500년 동안 요순공자에 의해 전해온 도(道: 정치의 원리)는 이 세상(天地)에서 단 하루도 실천된 일이 없다. 다만 도(道)는 지난 1500년

---

170) 김명하, 「퇴계정치사상에 있어서 정의 개념과 이상사회」, 한국정치외교사학회, 한국외교사논총 제17집, 『한국정치사상의 성찰』, 1997, p.159.

동안 인간에 의하여 파괴되었지만 예나 지금이나 항상 존재하며 사라지지 않을 것이다. 성왕(聖王)은 국가를 도(道)에 따라 다스리도록 노력하였고 정치상 높은 지위를 얻은 영웅호걸도 어느 정도 불완전하지만 도에 따르려고 노력해야 한다."[171]

이이의 기발이승일도설(氣發理乘一途說)

이이는 "대개 발하는 것은 기(氣)요, 발하는 까닭은 이(理)다. 기(氣)가 아니면 능히 발하지 못하고 이가 아니면 발하는 바가 없어서 이기(理氣) 사이에 선후도 없고 떨어지고 합한 것도 없다"라고 하였다.

대체로 이(理)는 형체가 없고 기(氣)는 형체가 있기 때문에 이통기국(理通氣局)이며 이는 무위(無爲)인데 기는 유위(有爲)이기 때문에 기발이승(氣發理乘)이라 하였다. 예를 들어 어린이가 태어나 부모가 그 아이를 위하여 온갖 정성을 다하여 양육하면 그것은 기(氣)가 발(發)하는 것이요, 이에 자녀가 부모에게 효성을 다하겠다는 효심이 타고 들면 이(理)가 승(乘)하는 이치(理致)가 생기는 것이다.

이이는 기대승처럼 사단(四端)은 칠정(七情) 중에 들어 있다고 보았다.

율곡은 "심(心) 가운데 있는 이(理)가 성(性)이다. 심의 체(體)는 성(性)으로 이른바 잠재적 가능태요, 용(用)은 현실태(現實態)인 정(情)이다. 따라서 칠정(七情)은 인심(人心), 도심(道心)을 합하여 말한 것이요, 사단(四端)은 도심, 인심의 선(善)한 부분이다"라고 하였다.

---

171) 풍우란(馮友蘭), 정인재 역, 『중국철학사』(서울, 형성출판사, 1989), p.383.

이이는 격물치지(格物致知), 성의정심수신 제가치국평천하(誠意正心 修身 齊家治國平天下)의 팔조목에서 격물치지의 인식론보다 지행합일 (知行合一), 특히 실천행동을 주장하였다.

이황과 이이의 정책대안

이황이 선조 1년(1568년, 퇴계 68세)에 임금께 올린 '무진 6조소(戊 辰 六條疏)'의 주요내용은 다음과 같다.

1. (왕위 계승의) 계통을 중히 하고 인효(仁孝)를 다하소서.
2. 참소하는 말을 막아서 양궁(양가, 친가의 어머니)을 친근하게 하 소서.
3. 성학을 돈독하게 하여 정치의 근본을 이루소서.
4. 도덕과 학술을 밝혀 인심을 바로 하소서.
5. 복심(腹心: 마음속 깊은 곳)을 미루어 이목(耳目)을 트이게 하소 서. 임금이 한 나라의 원수라면 대신은 그의 복심이요 대간은 이 목입니다.
6. 성심으로 몸을 닦아 하늘의 사랑을 받으소서.

"무지한 백성들은 위로 조정에서 은덕을 입지 못하고 아래로 아전 들에게 침해를 당하여 서로 원망하고 탄식하며 살고 있습니다. 부모 의 은혜와 처자의 사랑을 끊고서 떠도는 신세가 되었습니다. 집을 잃고 가는 곳마다 사정은 마찬가지로 사방은 넓지만 숨고 도망할 곳이 없습니다. 건강한 자들은 떼를 지어 도둑이 되고 노약자는 구렁에 굴러 떨어져 죽으니 나라의 근본이 어찌 동요되지 않겠습니까? 어진 임금은 백성의 상처를 어루만져주고 어린이를 보호하여 부모가 자식 사랑하는 마음으로 보살펴야 합니다. 질병과 가난이 성행하면 방법을 강구하고 음식과 약을 마련하여 이들을 보살펴야 합니다. 이런 일들을 외면하고 식량과 의약을 준비하지도 못하면서 나라의 다른 중대한 일을 핑계로 백성을 몰아세우고 핍박하고 매질하고 형벌을 준다면 병적(兵籍: 軍籍)의 일은 성공할 수 없습니다.

백성이 노하면 막기 어렵고 형벌을 내리면 피비린내 나는 환란이 일어날 것입니다. 조정에서 빈 병적을 가지고 장차 환란이 일어나면 무슨 방법으로 이를 진정시키겠습니까? 사람들은 평화를 누린 지 오래되어 전쟁을 모르고 있습니다. 국가의 위기는 대개 백성들이 원망하는 데서 일어나는 것이며 구름처럼 모이고 흙같이 무너지는 형세는 항상 민심이 이반되는 데서 일어나는 것입니다. 지금 병적을 색출하는 것을 멈추시고 풍년이 들어 좀 여유가 생길 때 실시하는 것이 옳을 듯합니다" 하였다.

위 내용은 이황이 세상을 떠나기 2년 전 임금께 올린 글이다.

이이의 '시무육조'

이이(栗谷 李珥, 1536~1584)는 선조 7년, 임금이 직언을 구하자 '만언소'를 올렸다. 그 내용을 간단히 요약하면 믿음과 책임, 인재 등용과 백성을 구제하는 일 등 7조목이고, 이에 대한 대책으로 신하들의 신뢰와 절제, 검소, 공안(貢案)과 노비법(奴婢法)의 개정, 그리고 군정개혁(軍政改革)에 의한 국방력 강화 등 5항목이었다. 군정의 폐단으로는 군사행정의 부조리, 군대 배치상의 문제점, 군인 수의 충당 문제, 양역(良役: 양민들의 병역의무)제도의 부조리 등이다.

계미년(선조 16년) 2월 이이가 병조판서 당시 올린 '시무 6조소'는 다음과 같다.

1. 현능을 임용할 것, 2. 군민(軍民)을 양성할 것, 3. 재용(財用)을 충족시킬 것, 4. 번병(藩屛)을 굳건히 할 것, 5. 전마(戰馬)를 준비할 것, 6. 교화(敎化)를 밝힐 것 등이다.

이이는 특히 '10만 양병설'을 주장하여 국방을 튼튼히 할 것을 미리 예언한 선각자로 유명하다. 10만 양병설은『율곡행장』에 나오는 김장생(金長生, 1548∼1631)의 글을『선조수정실록』에 올려 후세에 전하였다. 그리고 현재 시판되고 있는『국사대사전』에 기록되어 있다.

하지만 이 내용은 학계에서 재검토해야 한다고 본다. 그 이유는 저자의 다른 책에서 자세히 설명하였다.[172] 다만 두 가지 중요한 사실만을 간단히 소개하면 다음과 같다.

첫째, 이이가 마지막 숨을 거두기 직전에 선조는 순무어사 서익(徐益)을 보내 변방에 관한 일을 묻게 하였다. 그때 율곡은 억지로 일어나 입으로 육조(육조소)의 방략을 일러주고 호흡이 끊어졌다가 소생하더니 하루를 넘기고 세상을 떠났다. 육조소의 내용에서는 양병(養兵)보다 백성을 보살피라는 양민(養民)을 강조하였다.

---

172) 김재영, 『한국사상의 맥』(파주, 이담, 2009), pp.223∼235 참조.

둘째, 김장생의 증손인 김만중(1637~1692)은 그의 『서포만필』에서 다음과 같은 글을 썼다.

"설령 10년 동안 병졸을 군적에 등록시켜 훈련과 검열을 했다 해도 도요토미 히데요시(豊臣秀吉)의 철검과 화총을 대적할 수 없었을 것입니다. 민심이 한번 떠난다면 명나라 원군에게 무엇으로 군량을 공급했을 것이며 의병은 무엇으로 규합하였겠습니까? 10만 양병의 효과를 보기도 전에 그 폐해를 받게 될 것은 필연의 사세일 것입니다" 하였다.

이이가 주장한 대로 백성을 보살피는 양민(養民)이 양병(養兵)보다 중요한 것은 명백하다. 국민들은 굶어 죽어가고 있는데 나라를 지킨다는 구실로 핵을 만들고 군비를 증강하는 지구상 어느 일각의 독재국가들을 보면 그 해답이 자명해진다. 과연 이이가 10만 양병설을 주장하였으며, 만일 그의 10만 양병설이 사실이라면 이를 어떻게 해석하고 평가할 것인가?[173] 앞으로 신중히 검토할 문제라고 생각한다.

실학파의 성리학 비판

유형원(柳馨遠, 1622~1673)은 원래 주희의 이기이원론(理氣二元論)을 비판하면서 나흠순, 서경덕의 주기론(主氣論)에 기울어 '기외무리(氣外無理: 기 밖에 이는 존재하지 않는다), 이지시기지리(理只是氣之理: 이는 단지 기의 이이다)'의 논리를 주장하였다. 반계는 진정한 소이연

---

173) 위의 책, pp.223~235.

(所以然: 당위)으로서 이(理)를 실리(實理)라 하였는데 그것은 실질적인
사물의 이치(理致)를 말함이다. '이기불상리(理氣不相離: 이와 기의 떨
어질 수 없는 존재)와 이기불상잡(理氣不相雜: 이와 기의 섞이지 않는
존재)'에 관한 논의에서 이황은 후자에 그리고 이이는 전자에 초점을
두었는데 유형원은 전자인 이이의 입장을 따랐다. 유형원은 이기(理
氣)란 선후(先後)나 분합(分合)으로 볼 것이 아니므로 '불상리'이고 모
든 운동, 작용, 변화를 하는 것은 기(氣)이고 그것을 가능하게 하는 것
은 이(理)이기 때문에 '불상잡이'라고 하였다.

이익(李瀷, 1671~1763)은 정이(程頤) 주희(朱熹)를 지엄한 성인으로
존경하고 우리 임금 앞에서조차 그 이름을 함부로 지칭해서는 안 된
다고 하였다. 이익이 이(理)를 소이연(所以然: 그 까닭)으로 보는 것은
주희와 같지만 그의 이(理)는 하나의 기(氣)의 소이연이 될 뿐 서로 회
통하는 것으로는 보지 않는다. 이익은 보편의 이(理)를 전제하지 않고
각 개체의 운행 범위에 따라 이(理)가 서로 달라진다고 하였다. 말하
자면 일기(一氣: 하나의 개체) 일리(一理: 하나의 이치)에 대응시켜 '불
상리, 불상잡'의 명제를 수용하였다.

박지원(朴趾源, 1737~1803)은 이(理)의 항존성을 주장하면서 기(氣)
가 없으면 생명도 성(性)도 존재하지 않는다고 하였다. 그는 "기(氣)가
없으면 생명이 없고 생이 없으면 성(性)이 그치는데 선(善)이 어디에서
붙어서 이루어지겠는가? 진실로 천명을 깊이 연구하면 어찌 성(性)만
이 선(善)하겠는가? 기(氣) 역시 선할 뿐 아니라 만물 중에 생을 누리
는 것은 모두 선하다. 천명을 즐거이 여기고 이에 순응하면 세상만물
과 내가 같은 존재가 되고 이것이 하늘이 명한 성(性)이요, 천명지선
(天命之善)이다"라고 하였다.

정약용(丁若鏞, 1762~1836)은 태극은 물질적인 것이며 천지의 시원 (始原)도 물질적이라고 하여 '태극을 정신적 실체인 이(理)'라고 규정한 주희를 비판하였다. 하지만 이기의 논쟁에서는 이이의 주장을 수용하여 이(理)의 무형적 존재로서의 소유론(所由論)을 받아들이고 있다. 아마도 그동안 당파싸움과 관련하여 극렬하게 대립된 이기론에 대하여 다산은 이들(주기론, 주리론)을 보다 실천적 입장에서 수용하고 재해석하는 데 더 많은 노력을 기울였다고 본다.

실학파의 토지개혁사상

조선왕조 초기에 실시되었던 과전법(科田法), 직전법(職田法) 등은 양반 지주들의 토지겸병과 왕실의 토지점유 등으로 사실상 붕괴일로에 있었다. 특히 임진, 정유전쟁(1592~1597)과 청군의 침입(1627, 1636)으로 농촌이 황폐화되어 이에 대한 개혁이 요구되고 있었다.

유형원은 전국의 땅은 왕토(王土)를 기본으로 하고 경자유전(耕者有田: 땅을 경작하는 자가 그 땅을 소유하는)의 원칙에 의하여 이를 재분배하는 균전제(均田制)를 구상하였다. 농민의 경우 농부 한 사람이 1경(1결, 약 100묘, 3,000평)의 땅을 소유하고 군전(軍田)으로 4경의 땅을 4명의 농부가 소유한다. 그중 신체 건강한 1명은 병사(兵士)로 차출하고 나머지 3명은 보(保: 보조병)로 삼는다. 사대부에게는 농민보다 더 많은 토지를 지급하고 그동안 급여가 없던 서리(胥吏)와 예복(隷僕)에게도 땅을 지급한다고 하였다. 유형원의 토지개혁안은 사대부들에게 농민보다 많은 땅을 지급하는 것이 주목된다. 즉, 사(士)로부터 7품까지는 4경, 6품 이상은 8경, 그리고 2품 이상은 12경을 지급한다고 하였다.

유형원의 균전제는 실학파 최초의 체계적 토지개혁안이라는 평을 받는다. 하지만 그의 국유제는 토지사유화라는 시대의 흐름을 외면하였고 또한 소규모이지만 지주 소작제도가 잔존하고 있다는 비판을 받았다.[174)]

이익은 그의 한전론(限田論)에서 농가 호당 소유의 기준토지를 영업전(永業田)이라 하고 그 양을 50묘 혹은 100묘(1경)로 정하였다. 이익의 주장은 대개 반계와 비슷하다. 그는 토지 소유의 하한(下限: 영업전)만을 정하고 그 상한을 정하지 않았다는 비판이 있다.

박지원의 개혁안은 토지소유의 상한을 정하여 그 이상의 토지겸병을 법률로 금하고 토지소유의 균등화를 시도하였다. 그의 토지론은 하한을 정하지 않아서 실효를 감소시키고 있다는 비판이 있다.[175)]

정약용의 정전론(井田論)에 의한 토지개혁안은 농업생산력의 증대와 농민에 대한 이서(吏胥, 衙前)의 세금 등 중간착취 배제, 국가재정의 확립 등 목표실현을 추구하는 내용이다. 정약용 역시 지주 소작제도와 토지겸병에 대한 대책이 없다는 비판이 있다.[176)]

---

174) 신용하, 「실학파의 토지개혁사상」, 조명기 외, 『한국사상의 심층연구』, pp.352~353.

175) 위의 글, pp.356~357.

176) 위의 글, pp.362~363.

실학파의 비판과 개혁안

학자별로 대표적인 사례 하나씩만 열거하겠다.

1. **유형원**은 군사제도의 병폐를 심히 우려하였다. 그는 "군사제도가 문란하여 병역을 기피하는 사람이 늘고 있다. 부유한 자들은 계략을 써서 병역을 면하고 군적에는 가난하고 잔열(孱劣)한 자들만이 등록되어 있다. 이들은 평시에도 마음이 안정되지 못하여 전쟁이 일어나면 쉽게 흩어져버리기 때문에 그 폐단이 크다. 인구는 줄고 소송은 번거로우며, 귀천의 분수가 분명치 않다. 권력자들이 방자하여 도의가 실추되고 뇌물이 횡행하여 법이 문란해졌다"라고 하였다.

2. **이익**은 특히 붕당의 폐해를 지적하였다. "요즘 조정에는 떼를 지어 벼슬을 쟁취하는 난장이 벌어지고 있다. 이들은 벼슬을 얻고 이를 놓치지 않기 위해 모든 수단을 다 동원한다. 붕당의 의론이 성하여 어질고 어리석은 자의 구별이 없어지고 국시(國是)의 논설이 성하여 옳고 그른 것이 뒤집히고 있다. 붕당에 아부하는 자, 더러운 풍습을 선동하는 자로 인하여 흑백이 정한 데가 없다. 마치 배를 타고 방향을 돌리면 남북이 자리를 바꾸는 듯하니 장차 백성은 누구를 따라야 할까"라고 하면서 당론이 무성하여 규준이 무너지고 있음을 한탄하였다.[177]

---

177) 김재영, 『한국사상의 맥』, p.288.

3. **박지원**(1737~1805)의 개혁사상은 그의 유명한 소설『양반전』이
나『허생전』,『호질』등 9편에 나타나 있다. 그의 자서(自序)에
소개된 사행시(四行詩) 한 대목을 소개하면 다음과 같다.

세상이 말세로 떨어져

허위만을 숭상하고 꾸미니

시(詩)를 읊으면서 무덤을 도굴하는

위선자요, 사이비 군자라네

은자(隱者)인 체하면서 빠른 출세를 노리는 자들

예로부터 추하게 여겼으니

이에『역학대도전』(易學大盜傳)을 짓는다

4. 실학파의 개혁안

대표적 사례로 **박지원**과 **박제가**(朴齊家, 1750~1805)의 차제(車制),
해외통상, 용사론(用奢論) 등을 들 수 있다.

① 차제(車制)

박지원의 개혁을 주장하는 글은 방대하다. 그의『열하일기』에 나
오는 차제에 관한 글 한 대목만 열거하면 다음과 같다.

"사람들이 항상 하는 말에 우리나라는 길이 험하여 수레를 쓸 수
없다고 한다. 하지만 나라에서 수레를 쓰지 않으니까 길이 닦이지 않
았을 뿐이다. 만일 수레가 다니게 되면 길은 저절로 닦이게 될 터인
데 어찌 길거리의 좁음과 산길의 험함만 탓하리요. 중국에는 검각(劍
閣: 중국의 험한 산길) 아홉 구비의 험한 잔도(殘徒: 절벽 사이의 길)와

태행(太行: 산 이름)과 양장(羊腸: 양의 창자처럼 굽은 길)처럼 구불구
불하고 위태한 재가 없음은 아니지만 역시 수레를 끄는 소나 말을 채
찍질하니 지나지 않는 곳이 없다. 사방이 불과 몇천 리도 되지 않는
나라에서 백성들의 살림살이가 이다지도 가난한 것은 한마디로 수레
가 없기 때문이다. 사대부들이 글을 읽을 때, 주례(周禮)는 성인이 지
으신 거라고 하면서 윤인(輪人: 수레 만드는 직인), 여인(輿人: 수레 가
마 만드는 천인), 거인(車人: 수레 만드는 직인)들의 기술이나 생활하
는 일에 대하여는 전혀 무관심하였으니 그 학문은 쓸모가 없다. 밭에
물을 대는 수레, 불을 끄는 수레, 전투에 사용되는 수레 등 뜻 있는
분이 이를 잘 연구하여 활용한다면 우리나라 백성들의 삶에 크게 도
움이 될 것이다. 나는 중국에 있는 동안 이 제도들을 잘 살펴서 본국
에 돌아가 이를 전할 것이다."

박제가도 그의 『진북학의』에서 같은 주장을 하였다.

"옛 상신 김육(金堉)이 평생 고심한 것이 수레와 돈에 대한 것입니
다. 수레를 통행하도록 하면 10년 이내에 백성들이 마치 돈 좋아하듯
할 것입니다. 농사일을 사람의 몸에 비유하자면 수레는 혈맥입니다.
혈맥이 통해야 사람이 윤택해집니다. 우리나라는 쓸모없는 선비는 많
고 쓸모 있는 수레는 없습니다. 중국에서 각종 농구(農具)를 사고 서
울에 대장간을 개설하여 중국제도를 살펴 수레를 만들어야 합니다.
먼 지방 철이 생산되는 곳에 관속을 보내 분담하여 농구를 만들고 남
은 이익은 수레제도를 발전시키는 데 투자하면 될 것입니다."[178]

---

178) 김재영, 『한국사상의 맥』, pp.143~144.

② 해외통상론

박제가는『북학의』에서 해외통상론을 주장하였다. "우리나라는 나라가 적고 백성이 가난합니다. 조정에서는 상업이 잘 유통되고 공업에 혜택을 내려서 나라가 최대의 이익을 얻도록 노력해야 합니다. 각 지역의 물자를 잘 유통시켜야 생산력을 증강할 수 있습니다. 수백 척의 수레에 싣는 물품을 한 척의 배에 싣고, 천 리 길 육로를 뱃길로 만 리를 갈 수 있을 만큼 편리해집니다. 통상을 하려면 반드시 물길을 통해야 하며, 우리나라는 삼면이 바다에 접하고 있어 중국과 교역하기에 아주 쉽다고 생각합니다. 조선조 400년 동안 우리나라에는 다른 나라 배가 한 척도 들어오지 않았습니다. 지금은 면포를 입고 백지에 글을 써도 물자가 부족하지만 배로 무역을 하면 비단옷을 입고 죽지(竹紙: 중국산 얇은 종이)에 글을 써도 물자가 남아돌아갈 것입니다. 옛날 왜인들은 연경에서 실을 매입할 때 우리나라 사람들이 거간이 되어 우리가 이익을 챙겼습니다. 이제는 그들이 직접 중국과 교섭을 하고 있으며 그 밖에도 약 30여 국가가 중국과 무역을 하고 있습니다. 중국 선원들을 이용하여 그들에게서 기술을 배우고 그 나라 풍속을 탐방하여 백성들의 견문을 넓혀야 합니다. 백성이 우물 안 개구리가 된 것을 부끄럽게 여기고 세상 넓은 것을 깨닫게 되면 통상으로 얻은 이익은 실로 크리라 생각합니다"라고 하였다.

③ 용사론(用奢論)

박제가의 '용사론'은 특히 그의 탁월한 근대적인 안목이었다.

사치를 억제하고 근검절약하여 가정이나 국가경제를 풍부히 하는 것은 만고의 진리로 여겨졌다. 이는 또한 욕망을 억제하고 가난을 미덕으로 살아온 선비들의 자랑이기도 하다. 하지만 인간의 동력은 끊임없이 움직이고 변화를 추구하고 있으며 오히려 편익과 사치의 경제가 문명발전의 계기가 되고 있음을 간과할 수 없다. 박제가는 그의 용사론에서 가장 미래지향적인 정책대안을 제시하였다. 그가 전설사 별제로 있을 때 올린 소(疏)를 요약하면 다음과 같다.

"지금 세상에는 사치가 나날이 심해진다고 말하며 세태의 변화를 우려하는 사람들이 많습니다. 그러나 그 일은 근본을 따져보아야 합니다. 대저 다른 나라에서는 사치 때문에 나라가 망하였다고 합니다. 우리나라는 너무 검소하여 쇠약해졌습니다. 무늬 있는 비단옷을 입지 아니하므로 비단 짜는 기계를 볼 수 없고 따라서 여공(女功: 여자의 길쌈)이 필요 없습니다. 풍악을 숭상하지 않으므로 오음(五音)과 육률(六律)이 화(和)하지 못합니다. 우리는 물이 새는 배를 타고 쇠약한 말을 몰며 비뚤어진 그릇에 밥을 담아 먹습니다. 먼지가 풀썩거리는 방에 거처하므로 공장(工匠)과 목축(牧畜)과 질그릇 장수의 일이 소용없습니다. 농사일은 시기를 놓치고 장사는 이윤이 박하며, 사민(四民: 士, 農, 工, 商)이 모두 가난하여 날마다 채찍질하여도 우수한 물건을 생산하는 일이 불가능합니다. 대궐 뜰 예(禮)를 거행하는 곳에는 거적을 펴고, 동서 궐문을 지키는 병사들은 무명옷에 새끼를 동여매고 섰으니 신이 보기에도 부끄럽습니다. 수많은 세월이 흐르도록 사업은 시작도 못하고 그릇된 습속에 따라 임시방편으로 깁고 때우는 정치만 하고 있으면, 우리나라가 어느 세월에 이 수렁에 빠진 질곡에서 벗어날 수 있겠습니까"라고 하면서 임금의 적극적인 경제정책 수행을 주장하였다.[179]

쇄국인가, 개국인가

19세기 초부터 조선왕조는 내우외환(內憂外患)에 시달리기 시작하였다. 삼정문란(三政紊亂: 田政, 軍政, 還穀)과 홍경래의 난(1811), 진주민란(1862)에 이어 이른바 서세동점(西勢東漸)의 물결을 타고 우리와의 통상을 강요하는 서양상선들의 침범이 연거푸 우리 조정을 흔들어대고 있었다.

1866년의 병인양요(丙寅洋擾)와 1871년 신미양요(辛未洋擾), 1875년 운양호 사건이 일어났다. 1876년 병자수호조약을 체결하여 일제에 의한 조선침략의 길을 열어주었다. 그 후 국내에서는 임오군란(1882), 갑신정변(1884), 동학혁명(1894)과 갑오경장, 을미년 국모시해 등으로 나라의 운명이 존망의 위기에 놓이게 되었다.

역사상 미증유의 위기에 봉착하여 우리나라의 선비들 사이에는 개화사상과 위정척사사상이 서로 대립하고 있었다. 대표적인 학자들의 예를 소개하면 다음과 같다.

1. 박규수(朴珪壽, 1807~1876)와 개화사상

박규수는 조부인 박지원의 『열하일기』에서 이용후생과 중상주의적 경제사상, 실용 및 평등사상을 이어 받아 이를 개화사상에 연결하는 교량적 역할을 수행하였다. 그는 미국의 셔먼호 사건 때도 국가는 내실, 내치를 강화하고 외교력으로 미국과 통상을 서둘러야 한다고 주장하였다. 그는 국내 개항 반대세력들의 주장을 비판하고 국제사회

---

179) 김재영, 『한국사상의 맥』, pp.346~348.

의 일원으로 동참하여 해외기술의 수용과 교역의 증대를 강조하였다.

박규수와 오경석(1831~1879), 유대치(1831~1884) 등 개화사상 선구자의 영향을 받은 자들 중에는 김옥균, 서재필, 홍영식, 서광범, 홍영식 등 갑신정변의 주역들이 있다.

박규수 등 자주적 개화사상의 요지는 첫째, 서양과의 통상이 나라의 부강에 유효한 방책이 될 수 있다. 둘째, 서양을 물리치기 위하여서도 서양문물과 그 기술을 습득, 이용하는 방법을 익혀야 한다. 셋째, 서양문물과 기술습득은 그 기교에 현혹됨이 없이 활용할 수 있다. 가치체계로서의 서양의 근본(根本-本)을 인정하는 것이 아니고 서양의 기술(技術-末)을 수용하자는 주장이다. 다시 말하여 개화사상은 서양의 본과 말을 한 덩어리로 다루자는 '문화주의적 사고'와 중화문명에 대한 일방적 우월의식(위정척사사상가의)에서 벗어나려는 뜻을 담고 있다. 개화사상가들은 양자(가치체계와 기술)를 구별하고 국방과 같은 현실문제의 해결을 위해서는 서양문물의 유효성을 인정하는 가치관의 상대화를 주장하였다. 이는 1870년대에 이른바 동도서기(東道西器)라는 형태로 더욱 활기를 띠었다.[180]

2. 위정척사사상(衛正斥邪思想)

위정척사론은 **이항로**(李恒老, 1792~1868), **김평묵**(金平黙, 1819~1891), **최익현**(崔益鉉, 1833~1906) 등의 주장으로 요약할 수 있다.

이항로는 대개 송시열 등 서인 계통에 속하지만 그 이론은 공맹(孔孟)과 주정자(朱程子)를 정통으로 하는 주리론을 적극 옹호하였다. 그

---

180) 김영작, 「초기 개화파의 내셔너리즘의 사상적 구조」, 한국동양정치사상사학회, 『동양정치사상사』, 제2권 2호, 2003. 9, p.121.

는 공자는 요순(堯舜)과 같고 맹자는 우(虞)와, 주희는 주공(周公)과 그리고 송시열은 맹자와 같다고 하였다. 그에 의하면 "하나의 이(理)는 만물이 이미 갖추고 있는 이(理)이고, 하나의 사물에는 만물의 이(理)가 가득하다. 태극은 동정(動靜)하여 끊임없이 만물을 낳는다. 이(理)가 건전한 경우의 기(氣)는 양(陽)이 되고 형체는 하늘이 된다. 사람에 있어서는 남자가 되며 마음으로는 인(仁)이 된다"라고 하였다. 이들 세 학자의 주장을 요약하면 다음과 같다.

첫째, 이항로의 주장을 보면 "중화(中華)를 높이고 이적(夷狄)을 물리치는 것은 천지가 다할 때까지 대원리요, 사심(私心)을 버리고 선(善)을 받들어 행하는 것이 성현들의 중요한 법이다. 이적과 중화를 분별하는 것은 천하의 대세이다. 하늘에는 음과 양이 있고 땅에는 강유(剛柔)가 있으며 사람에게는 남녀가 있다. 정통으로 말하자면 화(華)와 이(夷)의 구별이 있는데 이는 천지간의 가장 큰 구별이다. 중화의 군왕이 나라를 다스리는 것은 정상이요, 오랑캐의 군주가 천하를 다스리는 것은 변칙이다. 사이(四夷), 팔만(八蠻)이 중국을 사모하고 복종하여 중화를 모방하는 것은 자연적으로 불변의 이(理)이다"라고 하였다.

김평묵은 불교와 육양학을 이단(異端)으로 보고 천주교는 사교(邪教)로, 이적(夷狄)은 사람과 금수(禽獸) 사이에 있는 물건이라고 하였다. 그의 글에 "이적은 비록 사람의 형상을 하고 있으나 천지의 편벽된 기운을 얻어 생겨나서 부자, 군신, 부부, 형제, 사우의 도리를 알지 못하고 금수가 먹고 사는 모습이나 다름없이 사는 자들이다. 즉, 서양인은 모두가 금수와 같다"라고 하였다.[181]

---

181) 『重菴別集』 10-11, 이재석, 「조선조말 위기의 지식인, 김평묵의 정치사상」, 『동양정치사상사』, 제2권 1호, 2003. 3, p.78. 여기서 이적(夷狄)은 북방의 오랑캐들을 말하며 서양세력은 그보다 격이 낮고 일본인

둘째, 이항로는 서양문물의 수입으로 인한 해악(害惡)을 크게 우려하고 이를 적극 반대하였다. 즉, "온갖 수단을 동원하여 서양물건의 교역을 막아야 한다. 서양과의 교역은 마치 도적떼나 침략자를 우리 손으로 불러들이는 것과 같다. 엄격한 금령(禁令)을 정하여 서양물건을 사용하거나 상품을 파는 자들에게는 중벌을 과해야 한다"[182]라고 하였다.

셋째, 김평묵에 의하면 일본과 강화를 하는 것은 성문을 열고 양적(洋狄)을 받아들이는 것이라고 하였다.

'한번 교통과 우호를 허락하고 사정과 희망을 따라주면 그들이 틈을 타고 뒤따라와서 마치 주춧돌을 쳐서 대들보를 끊는 지경에 이른다'고 하여 만일 우리의 세가 불리하여 양적의 자행(恣行)을 방임하게 될 때 국토가 침탈당하고 예의가 땅에 떨어지는 것은 자명한 일이라고 하였다.[183]

넷째, 위의 주장들은 고종 35년(1898) 우리의 국권이 이미 일제에 의하여 위협을 받고 있을 때까지도 계속되었다. 최익현의 상소에 "중화(中華)와 이적(夷狄)의 구분을 엄격하게 하여 그 한계를 분명히 해주시기 바랍니다. 신(최익현)이 생각하건대 천지가 개벽될 때, 남북은 중추가 되고 동서는 주변이 되었습니다. 그중에서 북방(北方: 중국)은 천지가 발생한 위치요, 음양의 기운이 그 속에서 생겼습니다. 올바르고 맑은 기운이 모두 이 북방의 중화에서 모여 성인이 출생하였으니 삼황오제가 이분들이요, 지금 그 땅이 중국입니다" 하여 이미 효용가

은 그 아류에 속한다고 하였다.

182) 『화서집』 권 3, 이택휘, 「조선후기 척사론의의 전개와 그 의의」, 『조선조 정치사상 연구』, 한국정치외교사학회논총, 제4집(서울, 평민사, 1987), pp.172~173.

183) 이재석, 앞의 글, p.82.

치를 상실한 중화(명나라)의 학문을 신봉하는 것이 나라를 지키는 길이라는 편집(偏執)에서 벗어나지 못하였다.

을사조약이 체결되자 최익현은 전라도에서 임병찬과 의병을 일으켜 싸우다가 체포되어 대마도로 유배당하였다. 그는 '내 늙은 몸으로 어찌 원수(일본)의 밥을 먹고 더 살겠느냐'고 하면서 단식으로 끝내 운명하였다. 이들은 계속 공맹(孔孟)과 주자의 틀에 묶여 벌써 우리의 앞마당까지 밀려온 세계정세의 거센 파도를 감지하지 못했던 것이다.

제18장

근대의 정의론

칸트의 규칙적인 생활

칸트(Immanuel Kant, 1724~1804)는 1724년 프러시아 쾨니히스베르크(Koenigsberg, 현재 리투아니아의 Kaliningrad)에서 마구상의 아들로 태어났다. 그는 17~22세 동안 쾨니히스베르크 대학에서 신학, 수학, 철학을 연구하고 32세(1755)에 대학 교수자격을 얻었다. 그는 모교에서 강사, 교수 생활을 하면서 일생 동안 독신으로 살았다. 그의 일생은 겉으로 보아 사소한 사건의 기복도 없는 아주 평범한 일상의 연속이었다. 그는 스스로 규칙을 정하고 빈틈없는 일과에 따라 생활하였다. 언제나 새벽 5시에 기상하여 일과에 열중하였다. 오전에 강의와 연구가 끝나면 점심시간에는 손님들을 맞아 토론을 하였으며 밤 10시에 취침하였다. 칸트는 그가 정한 시간을 너무도 정확하게 지켰으므로 주변의 이웃들은 그의 거동에 시계를 맞추었다 한다. 그는 언제나 똑같은 산책로를 여덟 번 아래위로 걸었으며 비가 오는 날에는 하인이 큰 우산을 들고 그를 수행하였다. 사람들은 그가 회색 연미복에

스틱을 들고 대문을 나서서 보리수 늘어진 길을 산책하는 것을 보면 그때 시각이 바로 오후 3시 반이라는 것을 알아차렸다. 그가 57세 때에 저술한 『순수이성비판』(1781)은 세상을 놀라게 한 유명한 철학서적이다. 당시 독일은 정치적으로나 경제적으로 후진국이었으며 시민계급은 아직 충분히 성숙하지 못한 상황이었다.

사물을 바로 알자

칸트의 인식론(認識論)은 흔히 우리가 배운 바와 같이 대륙의 합리주의와 영국의 경험주의를 종합한 이론으로 평가되고 있다.

대륙의 합리주의에서 인식이란 본유관념(本有觀念, Innate ideas)을 연역하는 데 초점을 두고 있다. 여기서 연역이란 보편적 원리에서 특수한 사실을 이끌어내는 것이며 본유관념은 신, 존재, 영혼 등 인간이 나면서부터 갖고 있는 선천적인 관념이다.

우리가 보통 사물에 대하여 아는 것을 지식이라 하고 그 지식을 이론적으로 체계화하여 논의할 때 인식이라는 용어가 등장한다. 그렇다면 인식이란 어떻게 성립하는 것인가?

로크에 의하면 이미 감성(感性) 속에 없는 것은 오성(悟性) 속에도 존재하지 않는다고 하였고, 오성은 그와 별도로 다루어야 한다는 주장도 있다.

칸트는 감성과 오성이 결합하여 비로소 인식이 성립한다고 하였다. 다시 말하여 인식은 자발성과 감수성, 오성과 감성이라는 두 가지 구성요소를 가지고 있다.

칸트에 의하면 우리의 인식은 감성과 오성이라는 마음의 두 가지 근원에서 우러나온다. 첫째의 감성은 인상에 대한 감수성, 즉 표상을 수용하는 능력이며, 둘째의 오성이란 그 표상을 통해서 대상을 인식하고 개념을 구성하는 능력이다. 감성에 의하여 대상이 주어지며 오성은 감성이 제공하는 재료들을 바탕으로 사유(思惟)한다. 다시 말하여 우리는 감성의 선천적 직관형식, 즉 감각내용으로부터는 시간과 공간의 테두리 속에 주어진 직관을 취득하며, 오성은 다시 이 관찰된 것을 열두 가지 범주의 판단형식에 따라 결합한다.

칸트의 『순수이성비판』

이에 관한 설명을 알기 쉽게 요약하면 다음과 같다.

첫째, 우리 인간들의 모든 현상적 지식은 마음속에 본시 존재하고 있는 시간과 공간의 관계에서 나타난다. 이들 시공간적 특성을 직관형식이라 한다. 둘째, 우리의 인식 밖에 있는 질료가 합치되어 잡다한 직관이 발생한다. 다양한 직관은 선험적 오성형식인 (실체와 속성, 원인과 결과 등) 범주로 분류하여 결합한다. 질료와 다양한 직관은 '객관으로부터 들어오는 측면'이고 범주라는 오성형식은 '주관으로부터 나오는 측면'이다. 칸트의 인식론은 주관으로부터 나오는 대륙의 합리론과 객관으로부터 들어오는 영국의 경험론을 결합한 것이다.[184]

---

184) 전두하, 『서양 현대철학의 제 유형』(서울, 진영사, 1981), pp.18~19.

여기서 감성이란 감각경험을 통하여 대상을 받아들이는 능력이고 직관형식은 경험에 앞서 사람의 마음속에 기존하는 선천적인 것으로 관찰이나 경험 등으로 얻지 못하는 것을 사유하는 능력을 말한다. 오성이란 범주의 도움으로 감성의 대상(경험된 대상)을 사유하는 능력이다.

칸트에 있어서 시간과 공간의 특성은 개념이 아니라 직관이며 혹은 직관의 근거를 이루고 있다. 어떤 대상이라도 그것이 시간과 공간을 떠나 감성에 주어질 수 없다. 감성에 의하여 모든 대상들을 직관하려면 시간과 공간은 필연적인 직관형식이다. 시간, 공간은 감성에 의한 직관형식으로 주관적 선천적으로 이미 마음의 바탕에 있어야 한다.[185]

칸트의 이성이란 보통 감성, 오성, 이성을 합친 것, 오성과 이성을 합친 것 그리고 좁은 의미의 이성 등 세 가지로 나눌 수 있다. 좁은 의미의 이성은 (오성으로 인식할 수 없는) '물 자체(物 自體, Ding an sich)'에 대한 인식능력을 말한다.

칸트가 말한 '물 자체'의 뜻은 다양하다. 그 의미가 네 번이나 바뀌었다. 이들을 열거하면, 첫째, 질료의 배후에서 촉발하는 물 자체로 보았다. 둘째, 물 자체의 개념은 인식의 대상이 될 수 없는 한계개념으로서 등장하였다. 셋째, 인간의 도덕적 실천문제에 대하여 물 자체는 자유로운 영역으로 주관의 근저에 있는 것이라는 색채를 띤다. 넷째, 물 자체가 자유의 영역뿐 아니라 현상계의 근저에도 존재하는 것으로 종합적인 면모를 갖추었다[186] 등이다.

---

185) 한단석, 한단석논문집 제1권, 『칸트의 비판주의철학과 헤겔의 변증법 사상』(2009), p.288.
186) 위의 논문집, pp.57~58.

이상 『순수이성비판』에서 논의된 이성은 감성, 오성, 이성을 포괄한 순수이성, 즉 이론이성이다. 칸트에 의하면 이론이성은 인과 법칙적, 필연적인 자연의 세계를 인식하는 이성이다. 다시 말하여 이론이성은 자기의 직관형식과 오성인식에 질료 및 직관의 다양을 결합시켜 자연을 구성하는 이성이다.[187]

칸트의 인식론은 그 외에 『실천이성비판』과 『판단력비판』이 있다.

인간은 인식하는 존재이며 또한 행동하는 존재이기도 하다. 인간은 그의 이성의 능력에 의하여 실천적 활용을 이끌어낸다. 실천이성이란 자유 의지적 이념의 세계를 요청하는 이성이며 인간의 의지는 우리들 자신 속에 주어져 있는 이성 자체의 법칙에 의하여 규정할 수가 있다.

올바른 행동의 학문으로서 보편타당성 있는 진정한 원리를 찾아 우리가 희구하는 최고선(最高善)에 도달하려면 인간의 의지를 규정하는 준거를 우리 자신의 내부에 있는 이성에서 도출해야 한다.[188]

실천이성에서는 이론이성에서 제기할 수 없는 선의지의 자율, 영혼불멸, 신의 존재에 관한 확실성을 논의한다. 선의지, 자유, 신 등에 대한 믿음이 없는 완벽한 도덕행위란 기대할 수 없다.[189] 인간의 도덕적 행위의 측면에 있어서 우리는 현상에 속한 사물의 영역을 벗어나 하나의 초감각적 행위로 고양될 수 있다. 즉, 인간은 초감성적 영역에서 자유로울 수 있으며 그것은 엄연한 권리의 성격을 띤다.[190]

---

187) 위의 논문집, p.23.

188) H. J. 슈테릭히, 임석진 역, 『세계철학사』(서울, 분도출판사, 1982), p.166.

189) 전두하, 앞의 책, p.23.

190) 임석진 역, 앞의 책, p.170.

칸트는 정의이론을 포함한 전체 도덕이론으로 '본체적 존재로서 인간은 자유롭다'는 가정을 내놓고 있다. 그는 바로 그 가정 위에서 인간이 최고 도덕의 원칙에 도달할 수 있다고 주장한다. 그 원칙은 바로 범주적 명령이며 그 뜻은 '보편적 법이 될 수 있는 준칙에 따라 행동하라'는 것과 같다.[191]

칸트의 이러한 범주적 명령은 마태복음에 나온 황금률과 같은 맥락에서 이해할 수 있다. 즉, 성서에서 '사람들이 자기에게 해주기를 바라지 않는 것은 자기도 다른 사람들에게 행하여서는 안 된다(마태복음 7:12)'는 구절은 대개 개별행동에 적용된다. 칸트의 범주적 명령은 개별행동의 기준보다는 보편적인 준칙을 통하여 그렇게 행동한다고 주장한다.[192]

황금률의 해석에 관하여 마이클 샌델은 정언명령의 차원에서 논의하고 있다. 즉, "정언명령은 모든 사람을 목적으로서 존중하라고 한다. 하지만 '황금률'은 '사람들이 어떻게 대접받고자 하는가'라는 불확정적인 요소에 의존한다. 정언명령은 특정상황에서 사람들이 무엇을 원하든 그들을 이성적인 존재로 존중하라고 하여 위의 불확정 요소를 벗어나고 있다"[193]고 하였다.

---

191) David Johnston, *A Brief History of Justice*, 정명진 역, 『정의의 역사』(서울, 부글북스, 2005), pp.234~235.

192) 위의 책, pp.235~236.

193) 마이클 샌델, 이창신 옮김, 『정의란 무엇인가』(파주, 김영사, 2009), p.174.

칸트의 정의론

칸트는 정의를 이해하는 방식으로 첫째, 사회 전체의 행복을 극대화하는 방법으로 제시된 공리주의적 시각, 둘째, 정의를 자유와 관련하여 이해하는 시각, 셋째, 사람들이 도덕적으로 마땅히 받아야 할 몫을 받는 것, 즉 재화의 분배에 미덕을 포상하고 장려하는 시각으로 분류하였다. 그중에서 칸트는 첫째와 셋째의 입장을 거부한다. 그는 둘 중 그 어느 것도 인간의 자유를 존중하지 않는다고 믿었다. 그는 정의와 도덕을 자유와 연결시키는 두 번째 시각을 열렬히 옹호하였다.[194]

칸트는 이성, 자율, 자유 등의 체계를 세웠다는 점에서 근대사상을 대표하는 철학자로 평가되고 있다. 자신의 욕망이나 동기, 이익들에 의하여 행동하는 것은 스스로의 이성적인 의사에 따른 행동이라 할 수 없으며 이는 모두 타율적인 행동이라고 보았다.[195]

인간의 자유와 자율, 동기와 의무, 정언명령에 관한 샌델의 글을 요약하면 다음과 같다.

"인간이 자유롭다는 것은 자신의 고유한 법칙에 따라 자율적으로 행동한다는 뜻이다. 인간은 자율적, 이성적이며 존엄한 존재이기 때문에 인간을 도구가 아니라 목적 자체로 생각해야 한다. 따라서 인간을 수단으로 생각하는 공리주의에 반대한다. 인간이 도덕적으로 가치 있게 행동하는 것은 그 행위의 결과가 아니라 동기이며 도덕률의 의무로서 행하는 것만이 올바른 행위로 인정된다. 다시 말하여 결과와

---

194) 마이클 샌델, 위의 책 p.150.

195) 마이클 샌델, 『정의사회의 조건』, 홍성민・양해윤 역(서울, 황금 물고기, 2011), p.71.

상관없이 실행해야만 의무로서 도덕을 생각할 수 있다. 도덕성을 최고원리로 하는 도덕법칙이란 바로 칸트의 정언명령이다. 정언명령은 무조건적이고 절대적이며 모든 사람들에게 들어맞는 보편성을 가져야 한다. 정언명령은 이성적 존재인 인간에 대하여 누구의 인격이든 인간성을 수단으로가 아니고 목적으로 다루어야 하기 때문에 인간성을 수단으로 생각하는 거짓말이나 살인, 자살 등은 인간의 존엄을 해치는 행위, 즉 해서는 안 되는 행위다."[196]

| 벤담의 개혁정신

벤담(Jeremy Bentham, 1748~1832)은 1748년 영국 런던의 부유한 변호사의 아들로 태어났다. 1760년 옥스퍼드 대학에 입학하였으나 당시 나태와 사치에 젖어 있던 대학은 사교클럽에 불과하여 벤담에게 큰 실망을 주었다 한다.[197] 그는 평생 독신으로 살면서 학문연구에 몰두하였다. 당시 영국은 산업혁명으로 세계 최대의 공업국이 되고 런던은 세계의 금융 중심지가 되었다. 그 여파(餘波)로 노사(勞使)의 대립과 어린이와 노동자의 비참한 노동조건 등 전반적인 사회문제가 야기되었다.

벤담이 관심을 가졌던 학자들은 대개 로크, 몽테스키외와 이탈리아 베카리아(Cesare Beccaria, 1738~1794)의 감옥개혁에 관한 작품이었

---

196) 위의 책, pp.72~73.
197) 백상건, 『정치사상사』(서울, 일조각, 1977), p.383.

다. 흄(David Hume, 1711~1776)의 『인성론』(*Treatise of Human Nature*, 1739), 프리스틀리(Joseph Priestley)의 『정부론』(*Treatise on Government*, 1768) 등도 그의 관심 대상이었다.

베카리아에 의하면 범죄와 처벌에 관한 기존의 법들은 '더없이 야만적이었다'고 비난하고 많은 법들이 '극소수 사람들의 도구로 이용되거나 비본질적인 필요 때문에 만들어졌다'고 하였다. 그의 기본적인 처벌원칙은 '처벌로 인한 손해는 죄인이 그 범죄로 취할 수 있는 이득보다 커야 한다'는 입장이다.[198]

벤담은 원래 법률개혁을 주장한 학자였다. 다만 그의 이론이 정치적 관심사로 주목을 받아 정치개혁가로 더 유명해졌다.

그의 대표작 『도덕 및 입법의 제 원리에 관한 서론』(1789)은 그의 인간관, 도덕철학, 사회철학에 관한 견해를 담은 유명한 글이다. 그의 '최대다수의 최대행복'에 관한 문구는 베카리아 혹은 프리스틀리에 근거한 것이다.[199]

벤담의 공리주의 철학이 발표되기 전에 영국에서 아담 스미스(Adam Smith, 1723~1790)의 『제국민의 부(富)』(1776)가 그리고 독일에서 칸트의 『순수이성비판』(1781)이 간행되었다.

---

198) David Johnston, 정명진 역, 앞의 책, pp.204~205.

199) 백상건, 앞의 책, pp.383~384, Mcdonald, *Western Political Theory*, 앞의 책, p.457.

벤담의 도덕이론

　벤담은 선, 정의, 의무 등 도덕적인 용어를 규정하면서 주로 인간의 욕구와 행위의 결과를 중시하였다. 그에 의하면 "도덕이 무엇인가를 이해하려면, 인간이 쾌락을 추구하고 고통을 피하려 한다는 것부터 염두에 두어야 한다. 인간 존재에서 쾌락과 고통이란 감정을 빼놓는다면 행복뿐 아니라 정의, 선, 의무도 공허한 말에 불과하다. 올바른 행위란 주어진 환경에서 최대한의 쾌락을 생산하고 고통의 양을 최소한으로 줄이는 행동이라고 규정한다. 따라서 쾌락과 고통은 동일한 단위로 측량 가능한 것이어야 한다"[200]라고 하였다.

　벤담은 의무를 단순히 처벌에 대한 책임이나 더 넓은 의미로 불유쾌한 결과에 대한 귀책으로 정의한다. 즉, "만일 내가 그 행위를 행한다면 법에 따라 처벌을 받는 바로 그 행위를 행하지 않는 것이 의무이다. 이는 의무라는 말의 가장 소박하고 적절한 뜻이다. 불유쾌한 행위에 대한 제재에는 자연적, 법적, 종교적, 도덕적인 네 가지 종류가 있다"[201]라고 하였다.

공리주의 원리

　공리의 원리에 관하여 벤담은『도덕 및 입법의 제 원리에 관한 서

---

200) John Plamenatz, 김홍명 역, 『정치사상사』(서울, 풀빛, 1986), p.202.
201) 위의 책, pp.202~203.

설』제1장에서 다음과 같이 말하였다.

"자연은 인간으로 하여금 두 제왕(帝王), 즉 고통과 쾌락의 지배를 받게 하였다. 우리는 무엇을 해야 하며 앞으로 어떻게 해야 할 것인가 하는 문제를 결정하는 것은 바로 이들 두 제왕이다. 정의와 부정의, 원인과 결과의 고리가 모두 이 두 제왕의 왕좌에 결부되어 있다. 쾌락과 고통은 우리의 모든 행위를 지배하고 우리는 그에 종속되어 있다. 이들은 우리의 모든 생각과 말과 행동을 지배한다. 우리가 그들 지배에서 벗어나려고 하면 할수록 더욱 그에 얽매이게 된다. 공리의 원리란 이런 예속을 확인하고 이를 체계화한 것이다. 즉, 이성과 법률의 손에 의하여 우리들의 행복실현을 목적으로 하는 체계이다. 공리란 이해관계를 가진 당사자에 대하여 은혜, 이익, 쾌락, 복리(쾌락 일반을 말함) 등의 행복을 실현하고 손해, 고통, 재해 또는 불행(고통 일반을 말함)을 방지하는 사물의 성질을 의미한다."202)

마이클 샌델은 벤담의 공리주의 사상에 대하여 '행복의 극대화 혹은 쾌락의 극대화'가 벤담의 핵심사상이며 공리의 극대화가 그가 말하는 최고 도덕의 원칙이요, 옳은 행위라고 간단히 요약하고 다음 두 항목으로 그의 사상을 반박하였다.203) 그 중요한 내용을 요약하면 다음과 같다.

반박 1. 개인의 권리를 소홀히 한다.

공리주의의 가장 두드러진 약점은 개인의 권리를 존중하지 않는다는 점이다. 예를 들면 다음과 같다.

---

202) Mcdonald, 앞의 책, p.461.
203) 마이클 샌델, 이창신 역, 『정의란 무엇인가』, p.54.

예(例) 1. 고대 로마의 콜로세움(원형경기장)에서 기독교인을 사자 우리에 던져놓고 그곳을 가득 메운 관중들로 하여금 사자에 물어 뜯겨 고통을 당하는 기독교인을 보고 쾌감을 느끼게 하는 일이다.

예 2. 맨해튼을 폭파할 핵무기에 대한 정보를 갖고 있는 테러 용의자를 고문하는 일이다.

전자의 경우 공리주의자가 이런 행위를 고작 고통과 쾌락의 계산에 근거해서 금지하겠다면 그들은 도덕적으로 중요한 것을 소홀히 하지 않았는가 의심된다. 후자의 경우 고문이란 원칙적으로 인권이나 인간의 존엄성의 차원에서도 용서할 수 없는 일이다. 하지만 공리주의자들은 수많은 사람들의 목숨을 구해야 한다는 데 초점을 두고 있다. 즉, 공리주의자들의 도덕성은 인권보다도 결국 비용, 편익의 이익을 계산하는 문제에 불과하다고 비판한다.[204]

반박 2. 단일 통화로 가치를 계산한다.

공리주의는 사람들의 선호(選好)를 판단하지 않고 단지 그 무게를 계산하여 사람의 기호는 동등하다고 한다. 현재 정부나 기업에서 널리 이용하는 의사결정방식인 비용-편익의 분석방식부터 알아보자.

예 1. 최근 체코 정부가 담배세를 인상하려는 방안을 검토하였다. 이에 필립 모리스는 흡연이 국가예산에 미치는 효과에 대한 비용-편익 분석의 연구를 의뢰하였다. 그 결과 정부가 흡연으로 이익을 본다는 결과가 나왔다. 담배로 인한 조세수입, 흡연자의 조기사망에 따른 예산절감 등 긍정적 효과를 계산하면 국가는 연간 1억 4,700만 달러

의 순수익을 올릴 수 있다고 한다. 이 연구는 결국 모든 가치를, 사람의 목숨까지도 돈으로 계산하려는 공리주의적 발상이다.

예 2. 가스탱크 폭발의 경우도 마찬가지다. 즉, 미국의 포드회사는 자동차 가스탱크에 안전한 보호장치를 부착하는 데 필요한 비용과 연료탱크 하자(瑕疵)로 인한 인명손실 및 부상으로 지급할 금액을 비교하여 비용, 편익의 방법으로 산출하였다. 사람이 사망할 경우 20만 달러, 화상의 경우 6만 7천 달러로 계산해보니 연료탱크를 고치는 비용이 더 많이 나왔다. 과연 사람의 목숨을 돈으로 계산할 수 있는 것일까?

반박 3. 남학생의 여대생 방 출입도 돈으로 계산하였다.

1970년대 영국에는 아직도 여자대학이 있었고 여학생 방은 남자가 출입할 수 없다는 규정이 있었다. 하지만 성이 개방되면서 그 규정은 유명무실해졌다. 일부 연로(年老)한 교수들은 전통적 도덕을 내세워 반대하다가, 공리주의적 발상으로 출입자들에게 사용비를 징수하자고 제안하였다. 하지만 결국엔 비용지불안 또한 철회해야 했다. '세인트 엔스 여학생들, 하룻밤에 50펜스'라는 『가디언』지의 머리기사 때문이었다.[205]

최근 전북의 새만금 간척사업과 MB 정권의 4대강 사업을 놓고 비용-편익 분석결과에 대한 논의가 비등하고 있다. 가령 100원의 비용을 투자해서 100원 수익을 얻는 경우를 1.00(B/C)이라고 할 때, 과연 1을 초과하느냐, 산출방법이나 평가결과를 신뢰할 수 있느냐, 그리고 이 문제를 단지 비용-편익의 방식으로만 접근할 수 있는 것인가 등

---

205) 위의 책, pp.63~72.

문제가 많다.

벤담이론의 혁명성

　벤담의 주장은 당시에는 혁명적인 내용을 담고 있었다. 그의 공리주의는 자연권이나 사회계약이론뿐 아니라 버크(Edmund Burke, 1729~1797) 전통사상에도 반대하였다. 또한 국가를 신비로운 유기체로 보거나 자연권 수호의 인위적 단체로도 보지 않는다. 국가란 인민의 일반복지를 위하여 존재하며 국가정책의 기본목표는 인민의 복지증진이다. 국가의 입법원리는 바로 이러한 인민의 '최대다수의 최대행복'이며 행복에 관한 최종 판정자는 사회구성원인 개인이다. 민주주의란 최대다수의 최대행복을 자리적(自利的) 선택의 원칙에 따라 추구하는 최선의 정치형태라고 하였다.

　그는 인간의 본성을 원래 이기적인 것으로 보았다. 만일 정부가 소수자의 수중에 장악되면 그 권력은 소수자의 이익을 위하여 사용될 수밖에 없다. 그는 당시 아직도 잔존하고 있던 귀족과 토지소유계급의 전근대적 과두정치를 청산하고 산업혁명이 초래한 도농(都農)의 불균형, 노사(勞使)의 대립 등 문제를 입법활동이나 의회개혁으로 해결하고자 하였다. 이처럼 벤담의 공리주의사상은 그의 후계자들로 하여금 비맑스적 개혁논리에 의하여 사회적 모순을 극복하려는 전통을 남겼다.

런던에 가면 벤담을 만날 수 있다

벤담의 시신(屍身)은 그의 유언에 따라 방부 처리되어 보존되고 있다. 그는 현재 런던 유니버시티 칼리지(University College, London) 지하의 유리 상자 안에 있다. 벤담은 지금도 생전에 입었던 낡은 외투와 바지차림을 하고 깊은 생각에 잠긴 모습으로 앉아 있다. 1980년 국제 벤담학회 창설모임에 박제된 벤담이 휠체어를 타고 참석한 일이 있다. 그는 죽기 전에 자신의 시신 처리를 놓고 고민하였다 한다. 산 자들을 위하여 해부용 시신을 기증하는 방법도 있겠지만 미라로 만들 것을 부탁하였다. 그것은 철학자로서 위엄 있는 모습을 보여 많은 사람들에게 귀감이 되겠다는 소망에서였다. 그의 머리 부분은 현재 방부처리 상태 불량으로 밀랍으로 대체하였으며 지금은 지하에 보관되어 있다고 한다.[206]

만족한 돼지보다 불만족한 인간이 좋다

밀(J. S. Mill, 1806~1873)은 쾌락과 고통을 인간행위의 기본적 동기로 보았다는 점에서 벤담의 공리주의 계승자라고 하지만 그 내용은 다르다. 밀의 공리성 특징은 넓은 의미의 공리, 즉 진보적 존재로서 인간의 창의적 이익을 말한다. 밀은 '만일 압정놀이(押釘: 어린이들의

---

206) 마이클 샌델, 이창신 옮김, 『정의란 무엇인가』, pp.82~83.

놀이 일종)와 시(詩)가 사람들에게 똑같은 쾌락을 주게 된다면 압정도 시만큼이나 좋은 것'이라고 한 벤담의 유명한 말을 너무 통속적이며 한낱 난센스에 불과하다고 비난하였다. 그는 서로 다른 사물의 질을 양(量)과 같은 기준으로 계산하여 평가하는 것을 반박하였다. 밀은 또한 도덕주의자였다. 그가 남긴 유명한 말로 '만족한 돼지보다 불만족한 인간이 더 좋고, 만족한 바보보다는 불만족한 소크라테스가 훨씬 좋다'의 뜻은 분명 그의 도덕성을 나타낸 것이다. 그의 도덕성 이론은 칸트의 이론과 같이 진정한 의미의 인간존중 사상이었다. 다만 그의 도덕이념은 인간의 가치란 자유사회의 실제 조건 속에서 실현되어야 하며 그에 상응하는 책임이 따라야 한다는 것을 강조하였다는 점에 그 특성이 있다.

밀의 개인적 주권과 그린의 사회적 자아

밀의 『자유론』(1859) 핵심은 이른바 '개인의 주권'[207]이다.

그에 의하면 자유란 개인적인 선(善)일 뿐 아니라 사회적인 선이다. 비록 한 사람이 다른 의견을 내놓았다 해도 강제에 의하여 이를 침묵시키는 것은 그 의견을 가진 자에게 폭력을 행사하는 것이며 자유로운 의견의 제시 및 비판으로부터 얻는 사회적 이익을 빼앗는 것이라고 하였다. 밀이 가장 두려워한 것은 정부가 아니라 비관습적인 자들의 의견이나 소수자를 관용하지 못하고 이들을 통제하고 억압하는

---

207) C. J. Friedrich, 서정갑 역, 『정치사상강좌』(서울, 법문사, 1977), p.33.

다수의 힘이었다. 개인의 독자성과 창의성은 존중되어야 하며 개인의 권리는 공공의 유용성과 밀접하게 관련되어 있다. 이런 사회에서 사상, 연구의 자유, 토론과 결사의 자유, 자기 규제적인 도덕적 판단과 행위에 대한 자유 등은 자유사회의 기본이라고 하였다.[208]

그는 여성 참정권을 주장하였으며 『정치 경제적 원리』(1848)에서 사회 개량주의적[209] 입장을 취하였다. 그는 스미스(Adam Smith, 1723~1790)의 자유방임주의를 선호하지 않았으며 임금철칙(Iron-law-of-wages)을 반대하고 노동조합을 허용하여 실질임금의 인상을 주장하였다.

그 후 자유주의는 토마스 그린(Thomas Green, 1836~1882) 등 옥스퍼드 이상주의자들에 의하여 수정론이 제기되었다. 그동안 번영을 누려오던 영국의 경제가 1875년부터 장기적 불황에 접어들면서 빈곤과 실업 등 많은 사회문제가 발생하였다. 그린은 모든 것을 자유 경쟁적 시장에만 맡길 수 없으며 국민들의 실질적 생활조건 향상을 위하여 국가가 직접 개입해야 한다고 주장하였다.

'사회가 없으면 인간도 없다'는 명제를 내걸었던 그린 철학은 인간과 사회적 환경이라는 문화구조 간의 상호의존성이었다. 그린에 의하면 자아(自我)는, 즉 사회적 자아(社會的 自我)이며 사회적 성원들이 도덕적으로 평등한 존재로 만난다. 이들은 개인의 권리도 사회적 책임 또는 타인의 이해관계에 대한 고려 위에서 행사되어야 한다고 보았다. 그린은 당파적 이익이 아니라 사회적 선(善)을 추구한다는 점에서 그의 주장이 고전적 자유주의 사상을 계승한 것이라고 하였다.[210]

---

208) 김재영, 『현대정치학』(서울, 삼우사, 1995), pp.119~120.
209) 백상건, 앞의 책, p.417.
210) 이명남, 『이데올로기의 주체적 해명』(광주, 전남대학교 출판부, 2000), pp.85~87.

사회주의 정의론

사회주의는 보통 재산의 국유화와 '능력에 따른 생산, 필요에 따른 분배' 등을 특징으로 한다. 하지만 그 실행을 위해서는 필시 강제력이 필요하며 결국 독재를 강화하게 된다. 오늘날 사회주의의 급진적 형태로서 공산주의(레닌의 공산주의)[21]는 이미 구시대의 유물로 지구상에서 사라지고 있다.

고대의 공산주의이론

사회주의 사상도 그 기원을 고대 희랍시대에서 찾을 수 있다. 플라톤은 그의 『국가론』에서 지배계급의 공산주의와 처자공유제를 주장하였다. 여기서 지배계급은 비생산적 특권계급이었으며 그의 이론은 당장 제자인 아리스토텔레스로부터 실현성이 없다는 비판을 받았다.

『신약성서』

중세의 『신약성서』을 보면 다음과 같은 공산주의적 내용이 있다. 첫째, 가난한 자에게 복이 있다. '가난한 자는 복이 있나니 천국이 너희들 것이다,'[212] '부자의 대문 앞에 누워, 상에서 떨어지는 것으로

---

211) 사회주의 혹은 사회민주주의는 1919년 제3인터내셔널(코민테른)에서 레닌의 공산주의(Marx-Lenin주의)와 서구 사회주의로 나뉜다. 공산주의는 넓은 의미의 사회주의 개념에 속하지만 좁은 의미로는 제3인터내셔널 이후의 Marx-Lenin의 공산주의를 말한다.

배를 불리려 하던 라자로란 거지가 아브라함의 품으로 들어갔다'[213] 등 구절이 있다.

둘째, 부자들을 고발한다. '들으라, 부자들아, 너희에게 임한 고생으로 인하여 울고 통곡하라. 너희 재물은 썩었고 옷은 좀 먹었으며 금과 은은 녹이 슬었다. 이런 부패가 증거가 되어 불같이 너희 살을 먹으리라. 너희가 부질없는 재물을 쌓았도다.'[214]

예수께서 제자들에게 이르시되 '내가 진실로 너희에게 이르노니 부자는 천국에 들어가기 어려우니라. 부자가 하느님의 나라에 들어가기란 낙타가 바늘귀로 들어가는 것보다 어려우니라'[215]고 하였다.

셋째, 재산의 공유제와 필요에 따른 분배를 주장한다. '믿는 사람이 다 함께 모여 모든 물건을 서로 공유하고, 또 재산과 소유를 팔아 각 사람들의 필요에 따라 나누어 준다',[216] '너희 전대에 금, 은, 동 등을 가지지 말라'[217] 등 구절이 있다.

넷째, 변증법적 발전논리를 주장한다. '내가 진실로 너희에게 이르노니 한 알의 밀이 땅에 떨어져 죽지 아니하면 한 알 그대로 있고 죽으면 싹이 터서 많은 열매를 맺느니라.'[218]

어떤 특정한 사회(한 알의 밀)가 발전(열매를 맺음)하려면 혁명이 일어나서(땅에 떨어져서) 구제도가 타도 혹은 멸 망되어야(죽어야) 새로운 사회가(싹이 터서) 열린다는 뜻이 된다.

---

212) 마태복음 5:3.
213) 누가복음 16:20~25.
214) 야보고서 5:1~3.
215) 마태복음 19:23~24.
216) 사도행전 2:44~45.
217) 마태복음 10:9.
218) 요한복음 12:24.

플라톤의 '비생산적 지배계급의 공산주의'에 대하여 『신약성서』에
서는 모든 계층에 걸친 공산주의이다. 다만 그것은 하느님의 복음에
의한 구원의 계획일 뿐이다.

모어의 『유토피아』

중세 봉건사회가 붕괴되고 종교개혁, 과학의 발달, 자아의 발견 등
새로운 인간적 희망이 싹트기 시작하면서 휴머니즘 운동이 나타났다.
이들은 하느님의 메시아가 아니라 인간이 직접 만들어낸 유토피아로
그 실현가능성을 향하여 한 걸음 더 가까이 다가섰다.

모어(Sir Thomas More, 1478~1535)는 그의 저서 『유토피아』(*Utopia*,
1516)에서 포르투갈의 탐험가인 라파일 히드로디(Raphael Hythloday)의
입을 통하여 산업혁명 초기 영국사회의 모순을 비판하였다.

『사회생활의 최선의 상태에 대하여 그리고 유토피아라고 불리는
새로운 섬에 대하여 유익하고 즐거운 저작』이라는 긴 제목의 이 저서
는 최소의 법으로 만사가 잘 운용되고 덕이 존중되는 나라, 모든 사
람이 모든 것을 풍부하게 누리고 사는 나라의 새로운 섬을 구상하였
다. 그는 개인 소유와 돈이 만물의 척도인 곳에서는 국가와 정부의
올바른 발전과 운용이 불가능하다고 보았다. 모어는 화폐가 없는 경
제, 모든 것을 공동의 소유로 하고 필요한 물건만을 집중적으로 생산
하여 불필요한 노동을 배제할 수 있는 이상사회를 구상하였다. 즉, 사
유재산 폐지, 모든 재산의 국유, 노동력의 국가관리, 생산품의 공동분

배 등 사회주의적 요소가 대부분이었다.

모어가 구상한 이상사회는 이탈리아 지도자인 캄파넬라(Tommaso Campanella, 1599~1626)의 『태양의 도시』(*La cittadel sole*, 1623)에서도 찾아볼 수 있다.

영불혁명 중에 나타난 사회주의 이론

현대 사회주의 운동은 영국의 청교도혁명과 프랑스 대혁명에 깊이 연관되어 있다. 그중에서도 특히 영국의 수평파 운동과 프랑스의 폭력혁명론을 간과할 수 없다.

대개 시민혁명은 처음에는 반봉건적 투쟁으로 온건 중류계급에 의하여 주도되는 것이 보통이다. 그러다가 일단 혁명의 기운이 과열화되면 혁명대열의 선두에서 행동대 역할을 담당했던 무산계급의 급진세력에 의하여 도전을 받게 된다.

윈스탄리의 정의공동체

청교도혁명 과정에서 영국의 국왕 찰스 1세(Charles 1)가 처형(1649년 1월 30일)될 무렵 신비적 농지개혁가인 윈스탄리(Gerrard Winstanley, 1609~1652) 등 '땅 파는 사람들(Diggers)'은 '진수평파(True Levellers)의 깃발'을 들고 **정의의 공동체**를 직접 건설하였다. 이들은 웨이브리지

(Waybridge)에 있는 세인트 조지힐(St. George Hill)의 공유지를 개간하였다. 이들의 실험은 영국 기병대의 습격을 받고 곧 실패로 돌아갔다. 하지만 그들의 토지공유제와 공동경작, 사유재산 및 임금제 폐지 등 운동은 하느님의 구원이나 작가의 상상이 아니라 인민의 손으로 직접 실현코자 하였다는 데 의미가 있다.

바뵈프의 폭력혁명론

1789년에 발발한 프랑스혁명은 왕정과 제정, 공화정을 거듭하면서 다시 보나파르티즘 제정이 탄생하였다. 그동안 7월 혁명과 7월 왕정(1830), 2월 혁명과 2월 공화정(1848), 나폴레옹 1세(Bonaparte Napoleon, 재위 1804~1814)와 루이 나폴레옹(Louis Napoleon, 재위 1852~1870) 제정을 겪으면서 81년 만에 혁명이 끝나고 제3공화정이 성립되었다.

프랑스혁명은 국민공회 내의 지롱드파, 자코뱅 중심의 산악당, 평원파 등이 대립하던 중 1793년 1월 21일 루이 16세가 처형되면서 과격해졌다. 하지만 산악당의 공포정치도 결국 로베스피에르, 생쥐스트 등 22명의 처형과 더불어 테르미도르 반동(反動)이 일어났다. 혁명의 주도권은 다시 소시민층과 노동자, 농민으로부터 유산(有産)시민계급으로 넘어갔다. 반동정부의 우경화에 대한 민중운동은 급진적 바뵈프주의(Babouvisme)로 나타났다. 바뵈프(Graccus Babeuf, 1760~1797)와 부오나로티(F. M. Buonarroti, 1761~1837)로 대표되는 이들 사상은 폭력혁명과 '평등자 선언'이라는 두 가지 주장으로 요약된다. 이들은 첫째, 그들 공동체의 이상을 실현하기 위하여 국가권력의 탈취라는 프랑스혁명의 고유한 방법을 그대로 연장 실현하고자 하였다. 둘째, 사유재산의 부정에 의한 사실상의 평등을 실현하려고 하였다. 이는 생산력의 발전결과로 발생한 것이 아니고 농업을 중심한 공동생활에서 파악한 것에 불과하였다. 하여튼 바뵈프에 의하여 이제 공산주의는 단지 지식인들의 유토피아가 아니고 정치권력의 탈취라는 실현 가능한 사회질서의 원리로 등장하였다. 바뵈프는 공산주의 사회로의 이행을 위한 권력획득의 방도로 혁명의 기술을 제공한 원조가 되었다. 그는 파리의 노동자들에게 직접 호소하였으며 군대와 경찰 내에 노련한 음모방법으로 세포조직을 만들고 선전수단을 동원하였다. 그의 폭력혁명이론은 일관된 사상체계가 없고 당시 프랑스인들의 지지를 받지 못하여 결국 사회주의의 고아로 소외되고 말았다. 하지만 20세기에 들어서서 러시아의 레닌과 그 추종자들에 의하여 또다시 면목을 드러내게 되었다.

초기 사회주의자들의 평등이론

사회주의란 용어는 1832년 프랑스의 『글로브(*Globe*)』지에서 시작되었고, 생시몽(Comte de Saint Simon)의 제자들을 지칭하여 'Socialistes'라고 표현하였다. 그런데 1826년 이미 영국 런던의 『코퍼러티브(*Cooperative*)』지에서 'Socialist'란 용어가 등장하였으며 그 후 오언(Robert Owen)의 제자들이 이를 계속 사용해왔다고 한다. 사회주의 이론은 대개 프랑스 대혁명으로부터 파리코뮌에 이르는 동안 프랑스를 중심으로 전개되었으며, 바뵈프의 권력탈취 개념과 생시몽의 산업주의 이론에서 그 시발점을 볼 수 있다. 생시몽의 사회주의 이론은 그 후 영국과 프랑스에서 오언(Robert Owen)과 푸리에(Charles Fourier)에 의하여 거의 같은 무렵에 나타났다. 맑스(Karl Marx)는 이들 세 학자를 '공상적 사회주의자(Utopian Socialists)'라고 불렀다.[219]

생시몽의 산업사회

생시몽(1760~1825)은 바뵈프와 같은 고향(북 Picardy 주) 출신으로 나이도 같다(1760년 10월과 11월). 후자는 폭력혁명에 의한 권력탈취 이론이고 전자는 시민사회에 있어서 산업공동체의 실현에 중점을 두고 있어 대조적이다.

생시몽은 프랑스혁명의 상징인 새로운 사회의 흐름이나 역사의 전개를 정치와 법 혹은 권력형태의 차이로 보지 않고 산업이라는 물질적 생산력, 지식의 발달, 노동이나 욕구충족의 관계 등으로 보았다.

그가 지향하는 산업사회 실현의 과제는 정신적, 경제적 차원의 이원적 역사관으로 요약할 수 있다.

먼저 생시몽의 정신적 역사관을 보면 그는 인류의 지식이 신학적(神學的) 단계에서 형이상학적(形而上學的) 단계와 실증주의적(實證主義的) 단계 등 3단계 과정을 거친다고 한다. 일반적 지식은 이미 실증적

---

219) 김재영, 『현대정치학』(서울, 삼우사, 1995), p.128.

과학적 단계에 들어섰는데 기독교가 지식의 진보에 뒤따르지 못하면 혼란을 초래하기 쉽다. 이러한 혼란을 조정하여 사회에 조화로운 평화를 가져올 새로운 종교가 필요하며 그것은 뉴 크라이스트(New Christ)인 시몽주의라고 하였다.

그의 산업사회는 재산을 중요시하고 이를 실현할 임무를 담당한 자가 산업계급(産業階級)이다. 산업계급은 노동자, 농민뿐 아니라 과학자, 예술가 지식인 등 프랑스를 풍부하게 하고 프랑스 번영에 공헌하는 모든 자를 포괄한다. 미래사회는 지식이 지배하는 실증주의 사회이기 때문에 폭력은 유해하며 설득에 의한 합법적 방법만이 유럽의 위기를 극복할 수 있다. 산업사회의 기본원리로 일체의 특권을 반대한다. 하지만 인간의 자연적 불평등, 사실상의 능력에 따른 불평등은 명백하며 따라서 바뵈프의 평등원리는 무차별적 악평등이다. 능력에 따른 평등, 즉 우수한 자가 상위에 서는 것은 당연하다고 하였다.

생시몽이 중요시한 재산과 산업계급에 관한 이론은 맑스의 유물론과 계급이론의 선구가 되었다.

푸리에의 팔랑쥬(Phalange) 공동체 이론

생시몽은 국왕을 중심으로 나라 전체 산업의 조직화를 주장하였다. 이에 대하여 푸리에는 1,620인을 정원으로 한 공동체 이론을 내세웠다. 생시몽은 산업조직이 발전하면 궁극에 가서 정치권력이 소멸하리라 예고하였는데 푸리에는 애당초 국가권력이 없는 소집단의 공동사회 건설을 주장하였다. 그는 문명사회에 있어 개인주의 특히 상업의 악폐를 비판하였다. 그는 가난이 사회악의 주요한 원인이고 그 원인은 사유재산에 있다고 보았다. 사회의 폐습을 바로잡고 조화로운 생활을 도모하기 위하여 소집단 중심의 사회질서를 계획하였다.

그의 이상사회인 팔랑쥬, 즉 '사회적 궁전'은 첫째, 조합원에게 필요한 일체의 설비가 완비된 공동주택에서 공동의 가게, 공동의 식탁에 앉아 공동생활을 하는 것이다. 공동체 성원은 최소한의 의식주 생활이 보장되고 사유재산은 인정하지 않는다. 하지만 그 외의 잔여분은 노동, 자본, 재능의 3자에게 분배한다. 그 비율은 노동이 5/12, 재능, 즉 관리자가 4/12, 자본 제공자에게는 3/12을 배당하여 비노동자에게 7/12를 주고 있다.

둘째, 자본과 노동의 조화로 자율적 노동이 가능하며 다양한 직업을 자유로이 선택할 수 있다.

셋째, 노동은 즐거운 것이다[220] 등의 내용을 담고 있다.

그의 협동촌 이론은 후에 공산주의 국가들에서 실시하였던 협동농장(집단농장)과 연관이 있다.

오언의 협동촌 실험

오언의 사상은 초기의 온정주의적 박애사상과 후기의 사회주의 사상으로 요약할 수 있다. 그의 사상 속에는 또한 공리주의적 윤리사상

---

220) 위의 책, pp.333~334.

과 계몽철학, 유물론 등이 착종(錯綜)되어 있다.

오언은 푸리에(1772~1837)보다 1년 먼저 태어나 그와 비슷한 생애를 보냈다. 푸리에는 그의 계획을 재정적으로 도와줄 부자를 10년 동안 헛되이 기다렸지만 오언은 자신이 직접 돈을 벌어 그가 의도한 이상사회를 건설하였다.

오언은 공리주의를 거부하지 않으며 인간들이 행동함에 있어서 목전의 자기이익을 챙기는 것을 인정한다. 하지만 벤담이 최대다수의 최대행복을 누리는 원동력을 개인의 이기심에서 찾고 있음에 대하여 오언은 사회적 수단, 즉 사회적 계획안에 더 많은 관심을 두었다. 오언은 사회적 사랑, 사회적 수단에 의한 전반적 복지의 달성을 위하여 사회적 계획안을 만들었다. 그는 1810년대의 극심한 경제공황기에도 그의 노동자들에게 높은 임금을 지불하고 주택, 상점, 위생시설을 개량하였다. 그리고 노동 소년의 교육을 위하여 학교를 설립하고 막대한 자금을 투자하였다.

그는 하나의 성공적인 박애주의 실업가로부터 협동조합주의자, 사회주의자가 되었고 이를 직접 실험에 착수하였다.

1824~1825년 미국 인디애나 주(州)에서 구입한 약 2~3만 에이커의 토지에 뉴 하모니 촌(New Harmony 村)을 건설하였다. 다만 그곳 이주자들은 인종이 서로 뒤섞이고, 나이가 많아 효과적 교육이 어려웠으며, 근면한 성격의 소유자들이 아니었기 때문에 결국 실패하고 말았다.

1832년 전국노동형평교환소를 세우고 노동평가를 토대로 한 상품의 교환을 시도하였다. 일체의 가치가 노동과 지식에서 생기며 이들은 그 비용을 시간에 따라 계량된다고 하였다. 1835년 이후에는 이른

바 '신도덕의 선전자'로서 당시 영국 노동자 계급의 자주적 자각운동
에 정력을 쏟았다.[221]

블랑키즘과 바쿠닌의 아나키즘

해방 후 우리나라 지식인들은 혁명사상에 매료(魅了)되어 있었다.
특히 공산주의 폭력혁명가 블랑키(Louis Auguste Blanqui, 1805~1881),
폭력과 무정부주의자인 바쿠닌(Mikhail Bakunin, 1814~1876), 『공산당
선언』과 『자본론』 저자 맑스와 최초로 공산주의 혁명을 성공시킨 레
닌의 이름이 자주 등장하였다.

당시의 상황에서 블랑키는 혁명을 주장하고 혁명대열에서 목숨을
바친 정의의 상징적 인물로 젊은이들 간에 널리 회자되고 있었다.

블랑키는 바뵈프가 주장한 혁명적 공산주의 전통을 계승한 프롤레
타리아 사회주의자다. 그는 프랑스혁명 중 퓌지에테니에서 태어났으
며 지롱드파 의원이던 부친 슬하에서 법학공부를 하였다. 그는 1825
년 샤를 10세(Charles X, 재위 1824~1830)의 왕정에 반대하는 학생운
동에 가담한 일이 있다. 그 후 급진주의 혁명가 부오나로티 사상에
탐닉하여 평생을 계급투쟁, 인민봉기, 비밀결사 음모 등 죄목으로 감
옥에서 보냈다.

그는 1839년 오를레앙가(Orleanist 家)의 루이 필립(Louis Philip) 왕 타
도의 봉기를 주도하다가 실패하여 사형선고를 받았다. 1848년 2월 혁

명 때 보석을 허가받아 석방되었으나 다시 위험인물로 지목되어 10년형을 받았다. 나폴레옹 3세(1852~1870) 치하에서 비밀결사를 조직, 투쟁하다가 1861년 체포 투옥되었으며 1865년 벨기에로 망명하였다. 나폴레옹 3세가 세당에서 독일군에 항복한 이후 귀국하여 티에르(Thier) 임시정부 타도의 봉기에 나섰다가 체포되었다. 1879년 이후 저널리스트와 연설가로 활동하던 중 뇌졸중으로 1881년 한 많은 일생을 마감하였다.

바쿠닌은 러시아 귀족 출신으로 유럽 여러 지역의 민중봉기에 가담하였으며 후진국 러시아 인민들의 계몽에 힘썼다. 그는 1848년 2월 혁명, 6월의 프라하 봉기, 1859년 5월의 드레스덴 봉기를 주도한 죄로 시베리아에 유형되었다가 탈출에 성공하였다. 1863년 폴란드 봉기를 지원하였고 1870년 9월 프랑스 리옹 봉기에 가담하였다.

그는 범슬라브적 이념과 반독일적 감정을 가지고 있었으며 러시아의 왕정, 즉 알렉산더 2세(1855~1881)의 쯔아 정부를 공격하였다. 그의 사상은 혁명적 자발성에 대한 신념, 파괴적 충동의 이론, 악의적인 반맑시즘, 혁명적 아나키스트 독재의 이념으로 유명하다. 그는 조직면에서 생산수단의 집단화를 주장하면서 분배는 노동의 기준에 따라 결정된다고 보았다.[222]

그에 의하면 노동자 농민의 조직이 토지 기타의 재산을 소유해야 하며 이를 위하여 폭력행사가 필요하다. 또한 사회주의 없는 자유는 정의가 아니고 자유 없는 사회주의는 노예상태요, 야만일 뿐이라고 하였다.

---

222) 이명남, 『정치, 이데올로기의 주체적 해명』(광주, 전남대학교 출판부, 2000), p.338.

맑스와 유럽 상황

칼 맑스(Karl Marx, 1818~1883)는 프러시아 라인지방의 트리이(Trier)에서 유대인 집안의 8남매 중 장남으로 태어났다. 그의 부친은 유대교에서 루터교의 신자로 개종한 계몽적 자유주의자다. 그는 1835년 본(Bonn)에서 법률공부를 시작하였다. 원래 예술과 시를 좋아했으나 베를린(Berlin) 대학으로 옮겨 헤겔 좌파와 교분을 가지면서 급진주의자가 되었다. 예나(Jenna) 대학에서 철학박사 학위를 받고 학문의 길로 들어섰다.

1843년 프러시아 정부의 검열제가 강화되면서 파리로 건너갔다. 그곳에서 영국의 고전경제학을 공부하고 유명한 『경제철학 수고』(1844)를 썼다. 그때 엥겔스(Friedrich Engels, 1820~1895)와 역사적인 해후(邂逅)를 하였다. 1845년 브뤼셀(Brussel)로 떠나 그곳에서 『독일 이데올로기』(1846)를 집필하였다. 1848년 독일에 일시 귀국하였으나 독일혁명의 실패로 영국으로 건너가 엥겔스와 함께 『공산당 선언』(1848)을 기초하였다. 그의 유명한 『자본론』 2~3권은 그가 죽은 뒤 엥겔스에 의하여 완성되었다. 맑스의 평생 지적 반려자였던 엥겔스는 맑스주의가 독일의 관념철학, 프랑스의 사회주의 그리고 영국 경제이론의 세 요소로 구성되었다고 하였다. 맑스는 헤겔(Friedrich Hegel, 1770~1831)의 형이상학적 변증법(形而上學的 辨證法)을 거부하고 그것을 유물변증법(唯物 辨證法)으로 대치하였으며 프랑스의 사회주의는 유토피아라고 비판하였다. 영국의 정치 경제학에서는 자본주의의 폐단을 배웠다.

1806년 프러시아가 예나(Jenna) 전투에서 프랑스 나폴래옹에게 패배하였다. 그때 피테(Johann Fichte, 1762~1814)는 '독일 국민에 고함(1808)'이라는 유명한 연설을 하였다. 그 후 1815년 예나 대학을 중심으로 '조국의 자유와 통일운동'이 일어났다.

1862년 융커 출신 철혈재상 비스마르크(Otto von Bismarck, 1815~1898)가 나타나 군비를 강화하고 보불전쟁(1870~1871)에서 프랑스를 격퇴하였다. 비스마르크는 1878년 「사회주의 진압법」을 제정하여 사회주의 세력들을 억압하고 사회주의 노동당을 해체시켰다.

그동안 혁명의 소용돌이 속에 국력을 소모하였던 프랑스는 제3공화정 출범으로 새로운 기틀을 마련하였다. 산업혁명(1760~1830)을 겪은 영국은 산업 시민층이 대량 배출되어 선거법 개정 운동이 일어났다(1832년 1차 개정, 1867년 2차 개정). 1864년에는 런던에서 제1인터내셔널(국제노동자협회)이 결성되었다.

맑스의 혁명이론

맑스 혁명이론에 관하여 필자의 저서 『현대정치학』 내용을 발췌, 요약하면 다음과 같다.

맑스의 이론은 1. 접근방법에서 유물변증법, 2. 문화에서 소외론, 3. 경제에서 잉여가치론, 4. 정치에서 프롤레타리아 독재론 등 넷으로 요약할 수 있다.

첫째, 유물변증법을 인간사회에 적용한 역사관을 유물사관(唯物史

觀)이라고 한다. 맑스의 유물사관은 무엇보다도 물질을 중요시한다. 존재하는 모든 사물의 실재는 물질이다. 그리고 이러한 물질은 ① 양(量)의 질(質)로의 전화, ② 대립물의 통일 투쟁, ③ 부정의 부정이라는 변증법을 통하여 발전한다. 이를 좀 더 자세히 설명한다면 '토대(土臺)가 의식(意識)을 규정한다'는 유명한 어구가 있다.

여기서 토대란 경제적 물질적 관계, 경제구조로서 '하부구조'이며 생산력의 발전에 의하여 구축된 것을 의미한다. 의식이란 토대를 직접적으로 반영한 '상부구조'로서 법, 국가, 정치 이데올로기 등을 말한다. 모든 사회는 경제적 토대(하부구조)인 경제적 시민사회가 정치적 국가(상부구조)를 규정한다는 뜻이다. 인간의 사상이나 이데올로기는 그 사회적 소유관계에 기초한 계급을 대변하는 것으로 허위의식에 불과하다.

맑스에 의하면 사람은 우선 생산수단(生産手段, 도구, 기구, 기계, 장치 등)을 만들고 그것을 가지고 물질적 재화(物質的 財貨)를 생산함으로써 일정한 생산양식(生産樣式)이 성립한다. 여기서 생산양식이란 생산력(生産力)과 생산관계(生産關係)를 가리킨다.

생산력에는 생산수단과 생산하는 인간(노동자)이 있고, 생산관계란 생산수단(도구, 기계, 장치 등)의 소유형태(누가 생산도구를 가지느냐)를 의미한다. 만일 생산관계(생산도구의 소유형태)가 생산력의 발전을 저해하면 혁명이 일어난다. 가령 자본주의 사회에서 악질 자본가가 잉여가치(剩餘價値: 남은 자본)를 착취해서 생산도구에 투자(노후시설 개량 등)하지 않고 방치하여 노동자가 궁핍해진다면 (생산관계 때문에 생산력의 발전이 저해된다면) 생산양식의 변혁이 요구되며 혁명이 일어난다.

둘째, 맑스의 경제이론인 노동가치설에 의하면 자본가의 잉여가치 착취에 의한 모순을 지적한다. 자본가들은 노동자들에게 지불할 임금 이상으로 생산량으로부터 이익을 얻는다. 다시 말하여 노동자들의 몫을 자본가가 부당하게 착취하고 있다.

셋째, 맑스는 그의『공산당 선언』에서 '사회의 모든 역사는 계급투쟁의 역사이다'라고 말하였다. 국가란 부르주아 계급의 집행위원회에 불과하며 이들 계급의 이익을 위하여 탄생한 계급적 산물이다. 자본가 계급은 경찰, 법정 등 국가권력을 독점하고 있어 사회주의 사회로의 이행을 방해하고 있다. 프롤레타리아 계급은 자본주의를 타도하고 계급 없는 사회를 실현하기 위한 잠정적인 형태로서 폭력혁명이 필요하다. 이를 프롤레타리아 독재라고 한다.[223]

맑스의 이론은 여러 방면에서 비판을 받고 있다.

첫째, 인간은 물질적, 정신적 존재로 어느 한쪽에만 치우쳐 살 수 없다. 인간은 특히 도덕적 문화적 공동체를 이루고 살며 서로 사랑하고 협력하는 미덕을 중히 여긴다.

둘째, 맑스의 이론대로 토대와 의식을 상-하부구조로 나눈다 해도 이들은 상호적인 것이며 어느 한쪽이 다른 쪽을 규정하는 것은 아니다. 그는 인간의식이 오히려 하부구조를 지배하고, 인간의 무한한 창의력이 발전을 주도하고 있음을 언급하지 않았다. 후일 베버(Max Weber, 1864~1920)는 사회체계를 상-하구조로 대립시키지 않고 권위의 정당성과 합리적 분화 및 전문화 등에 바탕을 두어 구분하였다.

셋째, 맑스가 생각한 것처럼 사회가 부르주아지와 프롤레타리아의

---

223) 위의 책, pp.141~143.

두 계급으로 대립하고 있는 것이 아니다. 그 중간에 다양한 계층이 존재하며 계급이동이 급속하게 진행되어 계급대립 이론은 큰 의미가 없게 되었다.

넷째, 맑스의 잉여가치 착취 이론은 19세기 서구 자본주의의 무한정한 이윤추구와 경쟁으로 자본주의 병폐가 심각한 데 대한 반동으로 제기한 이론이다. 오늘날 거대한 자동기계 장치의 발달은 상품생산에 있어서 인간 노동보다 기술과 자본, 기획과 판매전략 등 여타의 요인들이 더욱 중요시되고 있다. 이에 따라 19세기 서구사회는 비맑스적 사회주의 운동이 각 국가에서 나타났다.

1884년 영국 런던에서 쇼(George Bernard Shaw)에 의하여 페비언 협회(Fabian Society)가 결성되었고 이들은 자유, 평등, 박애, 복지의 실현을 주요내용으로 활동하였다. 1854년 모리스(E. D. Maurice)와 킹슬리(Charles Kingsley) 등 기독교 사회주의자들이 매주 집회를 가졌다. 독일의 베른스타인(Edward Bernstein, 1850~1932)은 엥겔스 사후 1896년에 이른바 '운동이 모든 것이다'라는 기치를 들고 의회를 통한 사회주의 실현을 주장하였다. 그는 영국 페비언 사회주의의 영향을 받아 맑스 계급혁명이론에 대한 수정론을 내놓았다. 이들 이론은 현재 유럽지역에서 실행되고 있는 사회민주주의 정책에 영향을 주었다.

맑스-레닌주의(공산주의)

레닌(Vladimir Ilich Lenin, 1870~1924)은 맑스의 변증법적 유물론, 사적 유물론(史的 唯物論)을 소련에 토착화시켜 혁명에서 성공한 정치가다. 레닌의 사상은 그의 『철학노트』에 나타나 있으며 맑스-레닌주의로 알려져 있다. 맑스-레닌주의 철학은 사회의 발전을 원시공산사회, 고대사회, 봉건사회, 자본주의사회, 사회주의 사회, 공산주의 사회라는 여섯 단계로 나누어 설명한다. 이들 발전과정을 예를 들어 설명하면, 즉 각 사회(봉건사회)에서 긍정(봉건귀족)과 부정(평민)의 두 모순된 요소가 투쟁(계급투쟁)을 일으키고 양적 변화(분쟁, 폭동 등이 점차 심해지는)가 질적 변화(혁명)를 일으켜 새로운 이질적인 사회(자본주의 사회)로 발전한다고 설명한다. 자본주의 사회가 사회주의 사회-공산주의 사회로 발전하는 것도 마찬가지 과정을 거쳐 이루어진다. 이처럼 역사란 맑스-엥겔스가 말한 바와 같이 계급투쟁의 역사인 것이다.[224]

레닌이 이끌던 공산당(볼셰비키)은 1917년 10월 페트로그라드와 모스코바 등 대도시에서 '평화, 토지, 빵'과 '모든 권력을 소비에트에'라는 구호를 걸고 봉기하였다. 각 지역 소비에트의 대중들은 오랜 전쟁에 대한 염증을 느끼고 평화의 기치를 들고 나온 레닌의 볼셰비키(Bolsheviki)를 지지하였다. 페테르부르크(Petersburg)의 쯔아(Tsar) 정부는 이미 1917년 3월 혁명에 의하여 무너졌다. 3월 15일 니코라이 2세(1894~1917)는 퇴위하고 온건파인 멘셰비키(Mensheviki) 정부가 출현

---

224) 전두하, 앞의 책, p.202.

하였다. 처음에 자유주의적 지주인 르보브(Prince George Lvov)의 임시 정부가 수립되었으나 7월 사회혁명 당원인 케렌스키(Alexander Kerensky)에게 정권을 양보하였다. 볼셰비키는 1917년 11월 드디어 권력 장악에 성공하였다.

레닌은 1919년 3월 코민테른(Communist International, 혹은 제3인터내셔널)을 창설하여 맑스-레닌주의적 국제 공산당조직을 출범시켰다. 레닌은 '프롤레타리아 국제주의'의 기치를 들고 국제적 혁명을 추진하였다. 이로부터 맑스-레닌주의의 공산당과 유럽의 사회주의 혹은 사회민주주의, 민주사회주의가 명확하게 구분되었다.

레닌 정부의 공산주의 체제가 정비됨에 따라 전국 각지에서 노동자, 농민들의 불만이 거리를 메웠다. 이에 레닌은 공개인민재판제도와 강제집단수용소를 만들어 가혹한 공포정치를 단행하였다. 1924년 그가 세상을 떠난 후 스탈린은 그의 잔혹한 탄압수법을 답습하여 수많은 인명을 살생하고 민중을 고통으로 몰아넣었으며 소련의 역사를 거꾸로 후퇴시켰다는 비판을 받고 있다. 이후 지구촌 그늘진 곳에는 '철의 장막' 혹은 '죽의 장막'이라 불리는 강제수용소 같은 지역이 생겨 인간들을 생지옥으로 몰아넣었다. 하여튼 소련은 1985년 고르바초프가 등장하고 이후 1989년 후반에 동유럽 전역에서 공산정권들이 무너졌다. 10월 10일에는 베를린 장벽이 허물어졌다. 인민을 가난과 속박 속에 가두었던 어둠의 장막들이 걷힌 것이다. 학자들 중에는 생명력 있는 이데올로기로서의 '맑스주의의 종말', '레닌주의의 죽음'이란 용어들을 쏟아냈다.[225]

---

225) 이명남, 앞의 책, pp.235~236.

제10장

현대의 정의론

현대의 정의론은 롤스와 노직, 샌델의 정의론이 대표적이라 할 수 있다.

존 롤스의 정의론

존 롤스(John Rawls, 1921~2002)는 1961년부터 하버드 대학 교수와 명예 교수를 지냈으며 그의 최초의 논문은 「공정으로서의 정의」(1958)이고 대표적인 저작은 『정의론』(Theory of Justice, 1971, 1991), 『정치적 자유주의』(1993), 『만민법』(1999), 『공정으로서의 정의』(2000) 등이다. 그는 '정의'라는 하나의 문제만 가지고 평생을 바친 20세기 최고의 철학자로 알려져 있다.[226]

롤스 『정의론』의 기본적 요인은 자유, 평등, 사회경제적 복지증진이다. 이를 조정 실현함에 있어서 원칙을 도출하는 방법, 절차와 그로부터 채택된 정의원칙의 실질적 내용이라는 두 가지 측면에서 그의 『정의론』은 크게 평가된다.[227] 우선 그의 원초적 입장과 정의의 2대 원칙을 알아보자.[228]

---

226) 존 롤스, 황경식 역, 『정의론』(서울, 이학사, 2011), p.753.
227) 위의 책, p.8.
228) 위의 책, 24절, 25절, 26절.

원초적 입장(Original Position)

롤스는 그의 정의론 전개를 위하여 홉스, 로크, 루소, 칸트 등 전통적 사회계약론을 고도로 추상화하여 '원초적 입장'이란 용어를 사용하였다. 이는 전통적 사회계약논자들의 '자연상태'에 해당하는 개념이지만 현실에 실재한 역사적 상황은 아니다. 롤스가 그의 정의원리(正義原理)의 선택을 위하여 공정한 절차로서 계약조건을 구성한 '순수한 가설적 상황(hypothetical situation)'이다. 이러한 원초적 입장에서 계약 당사자들은 자유롭고 합리적이며 평등한 정의원칙들을 선택하고 이에 따르기로 합의한다. 원초적 입장에서 합리적인 합의를 이루는 조건은 다음과 같이 설명할 수 있다.

1. 정의의 여건(Circumstance of justice)

정의의 여건이란 그 아래에서 인간의 협동체제가 가능하면서도 필요한 정상적 조건들을 말한다. 대개 객관적, 주관적 조건으로 나누어 설명한다.

협동체제가 필요한 객관적 조건에서는 사람들이 일정한 지리적 영역 내에 함께 거주하고 이들의 신체적, 정신적 능력이 비슷하며 누구 하나가 모든 타인들을 지배할 수 없다. 자원이 적절하게 부족하여 사람들이 서로 협동하여 서로에게 이익이 되는 체제가 실현 가능해야 한다.

주관적 여건이란 협동의 주체들이 대체로 비슷한 욕구와 관심, 상호 보완적인 욕구를 가지고 있어서 서로 유익한 협동이 가능해야 하며 그러면서도 그들 자신의 인생계획이 있어야 한다. 또한 다른 사람들의 이익을 위해 자신의 이익을 기꺼이 희생하지 않는, 이른바 이타주의적(利他主義的) 상호무관심이 전제되어야 한다.

2. 무지의 베일

원초적 입장이란 관념은 서로 합의된 원칙이 정의로울 수 있는 공정한 절차를 설정하기 위한 것이다. 즉, 순수 절차적 정의라는 관념을 이론의 기초로 한다. 이에 따라 상호 간 불화를 일으키고 사회적, 자연적 조건들을 자신들에게 유리하도록 유혹하는 자들이 이익을 보는 특별한 우연성의 결과를 무효화시키는 것을 목적으로 한다. 이를 위해서는 당사자들이 무지의 베일(Veil of ignorance) 속에 있어야 한다. 당사자들은 정의를 선택함에 있어서 자기의 지위나 계층, 천부적 자산과 능력, 지능과 체력 등을 알지 못하고 자신의 출생과 운수도 몰라야 한다. 선에 대한 자신의 생각, 합리적인 인생계획, 가치관이나 자신의 심리적인 특징까지도 알 수 없다. 또한 그들이 속한 공동체의 사회경제적, 정치적 상황이나 문명 혹은 문화 수준도 몰라야 한다. 롤스에 의하면 이들 당사자들은 자신의 상황을 모르기 때문에 독립적이고, 자제력 있는 표준에 따라 결정을 할 수 있다. 또한 그들은 경험적 지식을 가지고 있으며 독립적이고 합리적일 것이라고 전제한다.[229] 롤스에 의하면 만일 원초적 입장에서 정의로운 합의가 도출되려면 특정지식에 대한 제한이 필수적이다. 특수사정에 대한 지식이 허용되면 그 결과는 임의적인 우연성에 의하여 왜곡되기 때문이다. 일단 그러한 지식이 배

---

229) M. W. Jackson, "John Rawls and Robert Nozick", ed. by Ross Fitzgerald, *Comparing Political Thinkers*(Pergamon Press, N. W. 1980), p.288.

제된다면 만장일치에 대한 요구는 무리가 아니다.

다시 말하여 정의로운 합의를 위하여 당사자들이 일반적인 지식을 모두 갖고 있으며, 공정한 처지에서 도덕적, 인격적으로 평등한 대우를 받아야 한다고 가정한다. 그렇다면 과연 원초적 입장의 당사자들이 서로의 신원이나 소속을 모르는 상황에서 공동체적 합의를 이룰 수 있겠는가? 우선 잭슨의 비판을 들어보자.

'롤스의 공동체적 합의는 각기 구성원들의 재능보다는 사람들이 모두 가지고 있는 일반적 능력이나 자산을 우선적 고려대상으로 한다. 이런 재능은 개인의 고유한 소유물로서가 아니라 전체로서 개인 혹은 정의로운 공동체를 위한 존재로서 의미가 있다. 롤스의 원초적 입장에 있는 개인적 자산과 능력은 단지 공동선(善) 실현을 위한 '정의 원리'에 근거를 제공할 뿐이다.' 잭슨(M. W. Jackson, University of Sydney)은 이상의 이유로 롤스의 주장을 '윤리적 공산주의(Ethical communism)'라고 비판하였다.[230]

3. 상호 무관심의 합리성

원초적 입장에서 합리적이란 말은 당사자들이 보다 많은 몫을 원하게 되리라는 뜻을 함축한다. 상호무관심의 합리성이란 가정은 다음과 같다.

즉, 당사자들은 상호 간에 이익을 주거나 손상을 끼치려 하지 않으며 애정이나 증오에 의하여 마음이 흔들리지도 않는다. 그들은 서로를 비교하여 더 많은 것을 얻으려 하지 않으며 질투나 시기, 오만함

---

230) 위의 책, p.289.

도 없다. 원초적 입장에 있는 당사자들은 가능한 한 자신들의 목적체계를 증진시켜주는 원칙을 받아들이고 이를 위하여 가장 높은 지수의 사회적 기본가치를 얻고자 한다. 이는 그들이 믿는 선(善)을 가장 효과적으로 증진해주리라고 기대하기 때문이다.[231]

당사자들은 자신의 자유를 지키며 기회의 폭을 넓히고 그들의 목적을 실현해 줄 수단을 확대하고자 일상적 의미의 합리적 결정을 할 수가 있다. 이상의 이유로 당사자들은 정의감을 실현할 능력이 있다고 가정되며 이는 원초적 입장에서 이루어진 합의의 완전무결함을 보장하기 위한 것이다.

롤스에 의하면 합리적 선택의 전략에는 여러 가지가 있지만 원초적 입장이 갖는 특유한 성격으로 당사자들은 최소의 극대화(Maximin: 게임이론에서 최소의 득점을 최대로 하는 기법)라는 극히 보수적 방식을 원용한다. 쉽게 설명하자면 자신의 입장에 대한 지식이 전혀 없는 당사자들은 다른 사람이 가난하고 불쌍해서 차등원칙에 합의하는 것이 아니다. 다만 자신이 어쩌면 가장 비참한 상황에 처할 수도 있다는 생각에서 최악의 경우를 겨냥한 자신의 이익을 고려하여 합리적 판단으로 합의한다는 것이다. 이런 입장에서 당사자들은 가능한 대안들 중 각 대안이 가져올 최악의 결과들에서 최선의 여건을 보장하는 대안을 선택한다. 구체적으로 그 선택의 결과가 각자의 기본적 자유나 품위 있는 삶을 위한 최소한의 사회경제적 조건까지도 상실하는 모험을 피하고자 하는 것이다. 이는 결국 우리가 사회의 최소 수혜자가 될 가능성으로부터 정의의 원칙을 숙고하는 경우라 할 수 있다.[232]

---

231) 존 롤스, 황경식 역, 『정의론』, p.205.
232) 위의 책, p.759.

다시 말하여 롤스가 주장한 당사자들의 합리적 선택을 성취하려면 앞에서 언급한 무지의 베일과 상호 무관심의 태도가 필요하다는 것으로 요약된다.

롤스의 이론에 대한 잭슨의 비판은 다음과 같다.

"롤스가 말한 무지의 상황에서는 자신의 신분뿐 아니라 대안선택을 위한 대강의 숫자(數字)도 헤아릴 수 없다. 그들이 소속된 공동체의 보편적 관심사가 무엇인지 알 수 없는 상황에서 합리적 선택이 가능하겠는가? 또한 롤스가 택한 최소의 극대화(Maximin)는 당사자들이 가능한 한 최악의 결과에 있는 대안들을 비교하는 것이다. 정의에 관한 대안들을 선택하면서 최선의 결과나 평균적 혹은 전체적인 결과들을 고려하지 않고 최악의 결과들만 가지고 비교하는 것은 합리적일 수 없다. 롤스의 '차등원리'의 논리는 공동체의 자산과 능력을 가지고 최대치(Maximum)를 최소치(Minimum)로 그 입장을 바꾼 결과가 되며 '최소 소득자에게 최대 수혜를 제공하는 차등원리는 단지 이들에 대한 불평등한 대우를 정당화'하는 데 불과하다."[233]

하여튼 롤스의 원초적 입장에서 합의된 원칙들은 '그 형식에 있어서 일반적이고, 적용에 있어서 보편적이며 도덕적으로 상충하는 요구의 서열을 정해주는 최종적 심판인 공인된 체계이며, 정의의 원칙에 보편성을 부여해주는 장치'라고 한다.[234]

롤스의 '정의원리(Principles of Justice)'는 원초적 입장(Original position)의 형식적 과정을 통하여 그 실질적인 결론을 이끌어냈으며 이러한 원리는 공정한 절차에 따라 합리적으로 내려진 결론임을 자임(自任)

---

233) M. W. Jackson, 앞의 책, p.289.

234) 위의 책, 23절.

한다. 롤스의 주장은 '당사자들이 선택했기 때문에 그 원칙들이 정의로운 것이 아니고, 원칙들이 합리적이기 때문에 당사자들이 선택한 것'이다. 선택이 아니라 합리성이 독립변수인 것이다.[235]

샌델은 "이런 원초적 입장에 있는 자아의 인간관에 대하여 문제가 있다고 지적한다. 현실의 인간은 다양하고 구체적인 공동체나 그룹에 소속되어 그 구성원으로서 도덕적, 정치적 책무를 갖고 있다. 이들이 제각기 독특한 조직의 상황 속에서 맺고 있는 연고가 그들 인생의 삶 자체인 것이다. 다시 말하여 추상적 자아가 아니라 구체적 자아의 공동체가 중요하다"[236]라고 하였다.

정의의 두 원칙

롤스 정의론이 갖는 실질적 내용으로 가장 특징적 변화는 자유주의적 이론체계 속에 사회주의적 요구를 통합했다는 점이 주목된다.

제1원칙: 평등한 자유의 원칙

'평등한 자유의 원칙'은 사상, 양심, 언론, 집회의 자유, 보통 선거의 자유, 공직 및 개인재산을 소유할 자유 등 자유주의가 내세운 가장 기본적 자유의 보장에 우선을 두고 있다.

---

235) M. W. Jackson, 앞의 책, p.292.

236) 小林正彌, 홍성민·양혜윤 역, 『정의사회의 조건』(서울, 황금물고기, 2011), pp.123~124.

제2원칙: 차등원칙과 기회균등의 원칙

사회적, 경제적 불평등은 다음 두 조건을 만족시키도록 하여야 한다.

첫째, 정의로운 저축 원칙을 보장하되 최소 수혜자에게 최대의 이익이 되게 한다. 둘째, 공정한 기회균등의 조건하에서 모든 사람들에게 개방된 직위와 직책이 보장되도록 편성되어야 한다.[237]

롤스의 차등원칙에는 다음 세 원칙이 있다.

① 보상원칙(Principle of redress)

보상원칙은 출생이나 천부적 재능의 차이 등과 같은 부당한 불평등은 어떤 식으로든 보상을 요구해야 한다. 이 원칙은 모든 사람에게 실질적으로 균등한 기회를 제공하기 위하여 천부적 재질이 부족하거나 불리한 사회적 지위에 태어난 사람들에게 더 많은 관심을 가져야 한다는 주장이다. 이러한 원칙을 따르게 되면 적어도 어느 기간은, 예를 들어 저학년 동안이라도 지능이 높은 학생들보다 낮은 학생들의 교육에 더 많은 재원을 소비하게 될 것이다.

② 호혜의 원칙(Principle of reciprocity)

이는 상호이익의 원칙이며 혜택받는 사람들의 기여도와 혜택을 받지 못한 사람들의 복지가 서로 조화를 이루어야 한다는 것이다. 출생 및 재능에 있어서 보다 유리한 입장에 있는 사람들과 불리한 사람들 중 어느 한쪽이 이익을 보게 되면 다른 한쪽이 손실을 보게 되기 때문이다.

---

237) 존 롤스, 황경식 역, 『정의론』, p.400.

③ 박애(Fraternity)

박애는 자유, 평등권에 따른 마음의 태도이며 행동양식이다. 박애는 자유, 평등권과 밀접히 관련된 것으로 여러 공공규약이나 명령계통에서 소외되지 않고 동등한 사회적 존경을 받는 것을 말한다.

롤스의 정의와 선(善)

롤스는 윤리학에서 중요한 담론은 옳음(The right)과 좋음(The good)이며 인격(人格)이란 개념도 이들로부터 비롯된다고 본다.

롤스는 공리주의자를 평하여 "공리주의자는 사실상 최대의 선(善)을 도모하도록 사회가 편성되어야 한다고 한다. 이들은 옳음(정의)은 선(좋음)을 극대화하는 것으로 규정하고 올바른 제도나 행위란 최대의 선을 산출할 수 있는 유용한 대안이라고 주장한다. 다만 그의 목적론적 입장은 사물의 좋음(선)이 우선시되고 있으며 선은 옳음(정의)과 관련성이 없어 보인다"라고 하였다.

롤스는 "좋은 삶의 방법에 대한 생각은 사람에 따라 다르기 때문에 선(善)보다는 모든 사람들이 합의할 수 있는 정의가 우선이다. 선이란 구체적으로 이를 어떻게 규정하느냐에 따라 그 결과도 다양하다. 만일 선을 쾌락으로 규정한다면 쾌락주의가 될 것이며 행복으로 규정하면 행복주의가 될 것이다. 선이 다양한 문화 속에서 인간의 탁월성을 실현하는 것이라고 한다면 그것은 완전설이 될 수 있다. 선(善)이란 사물의 종류에 따라 그 평가기준이 달라지며 그런 종류의 사물에 합리적으로 요구되는 특성을 의미한다"[238]라고 하여 정의와 선에 대한 입장을 밝혔다.

롤스의 공정으로서의 정의는 평등한 자유의 원칙을 선택하며 경제적, 사회적 불평등은 모든 사회적 이익을 가져오는 경우로 국한한다. 물론 정의가 최대의 선을 가져오는 경우도 있지만 그것은 우연의 일치에 불과하다. 공정으로서의 정의에 있어서 사람들은 먼저 평등한 원칙의 자유를 받아들이며 자신의 특수한 목적에 대한 지식 없이(무지의 베일) 정의의 요구에 자신의 가치관을 적용한다. 이들은 자유를 구속당하고 있는 타인을 보고 즐거워하거나 타인의 손실에 쾌락을 느끼지 않는다. 정의의 원칙은 가치 있는 만족의 한계를 설정하며 합리적 제한조건을 부여한다. 결국 정의가 선의 개념에 앞선다고 볼 수 있다.

롤스가 선(善)으로 규정하고 있는 의미는 대개 다음과 같다.

첫째, 선이란 일반적으로 합리적인 인생계획을 작성하고 실현함에 있어서 필요한 것이므로 어떤 선이든 선을 원하는 것은 합리적이라고 가정한다. 원초적 입장에 있는 사람들은 선에 대한 이러한 입장을 받아들일 것이며 그들은 자신들이 보다 큰 자유, 기회 그리고 그들 목적수행을 위한 광범위한 수단들을 원하리라는 것을 인정할 것이다.

둘째, 선은 자유와 기회, 소득과 부 그리고 무엇보다도 자존감이 기본적이라는 것을 기초적으로 해명해야 한다.

셋째, 정의의 원칙이 평등한 원초적 입장에서 합리적인 사람들에 의한 합의라는 사실이라고 할 때, 선에 대한 정의(定義)도 도덕적인 선이라는 보다 넓은 의미로 확대될 수 있다. 좋은 행동(선행)이란 우

---

238) 고바야시 마사야(小林正彌), 홍성민·양혜윤 역, 『정의사회의 조건』, p.122.

리가 자유로이 행동하거나 하지 않을 수 있는 행위, 자연적 의무나 책무의 어떤 요구사항도 우리가 규제받지 않고 행하거나 하지 않을 수 있는 행위, 타인의 선(그의 합리적 행위)을 증진할 의사를 가진 행위 등을 말한다. 자선행위는 타인의 선을 증진하는 것이고 선의의 행위는 그러한 선을 갖기를 바라는 욕구에서 수행되는 것이다.[239]

롤스의 도덕이론

롤스는 그의 도덕이론에 관하여 '반성적 평형상태'에서의 '숙고된 판단'이라는 태도를 제시하였다.

도덕감을 논의할 때 우리는 각자의 판단에 부합되는 설명을 하기 전에 우선 '반성적 평형상태'에서 이를 설명하는 것이 필요하다. 여기서 반성적 평형이란 어떤 일에 관하여 제시된 여러 견해들을 평가하고 자신의 주장을 비교 검토한 뒤, 최초의 입장을 견지하거나 이를 수정하는 것을 말한다. 숙고된 판단이란 사려 깊고 반성적이며 우리의 도덕능력이 왜곡되거나 우연성에 의존하지 않도록 개인적 이해관계를 떠난 객관적 취사선택을 의미한다.

롤스의 도덕이론과 관련하여 내세운 도덕 심리학의 세 원칙은 다음과 같다.

첫째, 가족제도가 정의롭고 부모가 선을 귀하게 여기는 태도를 가지고 자녀사랑을 명백히 보여줄 때, 어린이는 부모의 사랑을 확인하

---

239) 존 롤스, 황경식 역, 『정의론』, pp.560~566.

고 부모의 뜻에 따른다.

둘째, 사회체제가 정의롭고 모든 사람들이 이를 인식하고 있을 경우 공동체의 성원들은 그들의 의무와 책무를 다하고 그들 지위와 기대에 맞추어 서로 간의 우호와 신뢰의 유대감을 나타낸다.

셋째, 사회제도들이 정의롭고 모든 사람들이 이를 공감하는 경우, 그들은 자신과 자신이 아끼는 사람들이 그 수혜자임을 알고 그에 상응하는 정의감을 갖는다. 이에 따라 롤스는 도덕의 차원을 다음 셋으로 나누어 설명하였다.

첫째, 권위에 의한 도덕

이는 도덕의 원초적 형태로서 유아의 도덕이라고 생각할 수 있다. 부모의 자녀사랑은 자녀를 보살피고 자녀들에게 합리적인 자기애(自己愛)가 바라는 대로 해주고 싶은 생각 속에 명백히 나타나 있다. 부모의 사랑은 자녀가 그의 존재감과 자신감, 자존감을 느끼게 하고 성장을 완수코자 하는 노력을 고무해준다. 일반적으로 타인을 사랑한다는 것은 그의 욕구나 필요에 관심을 가질 뿐 아니라 자신의 인격에 관한 가치관을 긍정해주는 것을 의미한다. 결국 어린이에 대한 부모의 사랑은 그 대가로 어린이의 사랑을 유발한다. 부모의 사랑과 격려로 성숙한 어린이는 부모와 가족과 이웃, 사회를 신뢰하게 된다. 부모는 어린이를 사랑하고 그들의 존경을 받을 만한 가치 있는 존재가 되고, 어린이의 이해 수준에 맞는 원칙을 지정해줄 수 있어야 하며 도덕적 모범이 되어야 한다. 만일 이런 조건을 갖지 못하고 부모의 계명이 부당하거나, 처벌 혹은 신체적 제재 등 강요에 의하여 행하여진다면 호소력이 없다.

둘째, 공동체에 의한 도덕

공동체 도덕은 개인이 소속된 여러 조직 내에서의 그들 역할에 걸맞은 도덕기준에 의하여 주어진다. 이러한 기준은 상식적 도덕규범, 개인의 직위에 적용된 사항들을 포함하며 조직 관리자와 성원들에 의하여 부여된다. 학교나 이웃 등도 일종의 공동체이며 어린이는 성장함에 따라 조직체에 적응하기 위하여 착한 학생으로서의 덕목과 훌륭한 경기, 동료들과의 협동을 배운다. 공동체의 도덕은 앞으로의 희망과 자신이 얻게 될 직업, 가정과 사회성원으로서의 지위 등으로 확대된다. 공동체적 도덕의 특징은 협동적 미덕, 즉 정의와 공정, 성실과 신의, 정직과 공평의 덕 등이다.

셋째, 원리에 의한 도덕

원리에 의한 도덕은 '정당성과 정의감에 상응하는 도덕'과 '인류애와 자제심에 해당하는 것'의 두 형식이 있다. 전자는 권위 및 공동체에 의한 도덕이 갖는 덕목을 내포한다. 이들 도덕률은 일관된 체계를 이루고 보다 광범위하고 포괄적인 의미를 갖고 있다. 후자의 인류애는 우리의 자연적 의무와 책무를 훨씬 넘어선 공동선을 증진하는 데 나타난다. 이는 보다 고차원적 덕목으로 이타심과 타인의 감정, 욕구에 대한 고도의 감수성, 적절한 겸양, 자기 이익에 대한 무관심 등이며 자제심은 정당성과 정의의 요구를 가장 훌륭하게 수행하는 덕목이다.[240]

---

240) 위의 책, pp.595~615.

롤스의 정의론에 대한 샌델의 비판

샌델의 롤스 비판을 간단히 요약하면 다음과 같다.

첫째, 롤스의 원초적 입장의(연고를 모른) 자아는 현실의 구체적인 인간의 다양한 특징을 전혀 모른다고 가정하기 때문에 추상적이고 허구이다.

둘째, 롤스는 사람들이 타인에게 무관심하고 단지 자신의 합리적인 공익을 추구한다는 가정에 따라 복지를 정당화하였다. 복지란 부유한 자의 돈을 징수해서 국가권력으로 이를 재분배하는 것이므로 타인과 무관심하게 존재할 수 없다. 타인 혹은 공동체에 대한 고려 없이 복지가 성립할 수 있겠는지 의문이다.

셋째, 롤스는 공동체를 고려하지 않고 정의론을 구성하였으며 사람들이 계약에 의하여 정의의 원리에 합의하였다고 하였다.

넷째, 롤스 정의론의 사상전환은 그의 『정치적 자유주의』(1993)가 출판되면서 분명해졌다. 롤스는 그의 『정의론』에서 주장한 보편적 의무론(공리주의자들의 목적론에 대한)을 포기하고 일정의 조건 혹은 상황의 전제하에서 정의가 성립한다는 것을 인정하였다. 롤스는 특히 공공영역에서 가치문제나 선(善)을 둘러싼 다원적인 사고가 존재하며 동의가 어렵기 때문에 합의가 불가능한 부분은 '선반에 올려놓다', '괄호 안에 묶다' 등으로 그 한계를 인정하였다.[241]

---

241) 고바야시 마사야, 홍성민·양혜윤 역, 앞의 책, pp.163~174.

노직의 자유주의

노직(Robert Nozick, 1938~2002)은 미국 프린스턴 대학에서 학위를 받고, 30세에 하버드 대학의 철학교수가 되었다. 1970년대 과잉 복지 국가형 정책이 실패하고 다시 1990년을 분기점으로 구사회주의 체제가 붕괴하면서 노직의 자유주의(혹은 신자유주의) 이론은 롤스『정의론』의 대안으로 떠올랐다.

노직은 롤스의 '공정으로서의 정의'에 대하여 원초적 입장에 있는 무지의 상태에서 인간의 다양한 욕구나 개별성을 너무 무시하였다고 비판하였다. 그의 [*Anarchy, State & Utopia*(1974)]는 개인의 소유권, 자유시장 및 기업활동의 자유 등 개인의 자유를 침해하지 않고 정의를 실현할 수 있는 최소국가를 정당한 것으로 보았다. 노직은 재산권이 사회적 평등의 이름으로 침해되지 말아야 한다고 믿었으며 평등지상주의적 부의 재분배나 사회복지 개념을 거부하였다.

정부를 필요악으로 보는 고전적 자유주의 입장에서 보면 롤스의 차등적 분배정의원칙은 이를 실현하기 위하여 개인의 자율성 침해가 불가피하기 때문에 국가권력의 과도한 개입은 바람직하지 않다. 이 같은 노직의 주장은 하이에크와 프리드먼 등 신자유주의 사상과 연결된다.[242]

---

242) 이명남, 『정치이데올로기의 주체적 해명』(광주, 전남대학교 출판부, 2000), p.88.

샌델의 정의론

샌델은 정의(Doing the right thing)에 관하여 다음 세 가지 방법으로 설명하였다.[243]

① 행복(Welfare)의 극대화-결과주의: 공리주의
② 자유의 존중-의무권리론: 자유주의, 자유지상주의(신자유주의)
③ 미덕의 추구-목적론: 공동체주의

첫째, 공리주의는 도덕성이나 옳음(정의)을 그 결과를 가지고 판단하기 때문에 결과주의라고 한다. 결과적으로 발생하는 기쁨이나 쾌락의 합계가 가장 많은 것을 지향한다. 예를 들어 GNP의 성장이 사회의 최대행복으로 계산되며 경제성장을 높이는 것을 정치의 목적으로 본다는 주장이다. 이런 생각을 근거로 비용편익의 분석이 나온다.

둘째, 자유형 정의론은 의무권리론과 관계가 있으며 결과의 좋고 나쁨과 상관없이(비결과주의적으로) 도덕적 원리 혹은 규칙에 따라 의무로서 행해야 한다는 주장이다. 롤스의 자유주의가 이에 해당되며 의무권리론이라 한다. 자유지상주의는 신자유주의라고도 한다. 다음에 설명하겠다. 롤스적 자유주의나 자유지상주의는 정의나 옳음을 생각할 때 선(善)과 같은 가치문제를 연관시키지 않는 것이 공통점이다.

셋째, 샌델은 공동선의 정치, 선(善)이 있는 정의를 주장한다. 그의 정의론은 시민의식, 희생, 봉사, 시장의 도덕적 한계, 시민의 미덕 등

---

243) 고바야시 마사야, 홍성민·양해윤 역, 앞의 책, 제1장.

도덕에 기초하는 정치로 요약할 수 있다.

샌델은 롤스의 무지의 베일(무연고적 자아)을 비판한다. 현실의 인간은 다양하고 구체적인 소속을 갖고 특정 공동체, 특정 그룹의 구성원으로서 도덕적, 정치적 책무를 갖고 있다. 구체적 상황 속의 연고적 자아가 한 사람 한 사람의 삶 그 자체이다. 그중 공동체가 중요하다. 롤스의 원초적 상태의 가설적 자아는 결국 불가능한 일이다.

자유주의 이론가들도 물론 현실의 공동체를 인정한다. 하지만 공동체의 한 사람은 다원적인 개인이요, 독립적 의사를 가지고 선택한다는 견해를 갖고 있다. 즉, 개인이 먼저 존재하고 그 개인들이 공동체를 만든다고 한다.

한편 샌델이 주장하는 구성적 의미의 공동체는 가족이나 지역공동체 등의 일원이라는 자각이 자아의 아이덴티티를 구성하는 상황을 가리킨다. 이런 경우 어떤 일을 선택하거나 생각할 때의 가치관도 공동체와의 관계에 기반을 두게 된다. 공동체에서 독립한 자신이 우선된다 해도 그 개인이 자신의 의사로 결정하는 것이 아니다. 즉, 자신의 아이덴티티는 공동체와의 관계 속에서 구성적인 의미의 공동체라고 표현하는 것이다.[244]

공리주의는 경제적 발전과 친화성이 있고 자유주의 및 자유지상주의의 의무권리론은 법적인 옳음에 친화성이 있다. 이에 대하여 공동체주의적인 정의론은 정치 자체에 대하여 정의탐구를 가능하게 한다. 샌델은 선(善)이 있는 도덕적 정의와 권리를 대안으로 제시하며 정의와 권리는 도덕적 가치나 선이라는 문제로부터 중립적일 수 없다는

---

244) 위의 책, pp.133~134.

주장이다.[245]

시장원리의 신자유주의 정의론

19세기 말 정치적 쟁점은 개인의 자유보다는 국민의 생활조건을 향상시키는 일이었다. 앞에서 살펴본 이론(사회계약론, 공리주의, 자유방임주의) 등 고전적 자유주의는 국가권력의 최소화 혹은 자유방임을 원칙으로 개인의 자율성 확대를 주장해왔다.

아담 스미스(Adam Smith, 1723~1790)는 그의 『국부론』(1776)에서 근대인의 이기심에 입각한 경제행위가 결과적으로 사회의 생산력 발전과 공공복지에 이바지한다고 생각하였다. 경제적 제 문제는 보이지 않는 가격기구의 효율적 작용에 의하여 자연적으로 조절된다는 것이다. 따라서 시장의 수요공급이 자동 조절되어 실업(失業)이 없고 완전고용이 이루어진다고 하였다.

한편, 영국에서는 그동안 산업혁명의 결과로 번영을 누려오다가 1875년부터 장기적인 불황을 겪게 되면서 절대적 빈곤과 실업의 증가, 정치적인 참여요구 등 많은 문제들이 야기되었다. 1867년의 제2차 선거법 개정에서 100만의 도시노동자에게 선거권을 부여하였고 (영국 총인구 3,200만 명에 유권자는 250만 명), 1884년 제3차 선거법 개정에서는 200만의 농업노동자들에게도 선거권을 확대시켰다. 농업 공황에 허덕이는 소차지농(小借地農)과 농업노동자들의 지지를 얻기

---

245) 위의 책, pp.378~379.

위한 정책이었는데 이 법에 의하여 사실상 영국은 남자 보통선거제를 실시하게 되었다. 이런 상황변화에 직면하여 그린(T. Green)을 위시한 개혁적 자유주의자들은 모든 것을 자유경쟁적인 시장경제에 맡길 수 없으며 경제적 약자들을 보호하기 위하여 정부의 적극적 개입이 필요하다고 주장하였다.

케인즈(John Maynard Keynes, 1883~1946)는 경제위기 상황에서 정부의 시장개입을 주장한 대표적인 경제학자다. 1929년 이후 세계를 휩쓴 경제적 대공황으로 경제침체와 대량실업이 장기화되면서 시장가격의 신축적 조절기능은 마비되고 경기회복 전망은 극히 불투명해졌다. 이런 상황에서 케인즈는 정부지출과 화폐공급량을 늘려 경제전체의 총수요를 증가시켜야 한다고 주장하였다.

실제로 미국 루즈벨트(Theodore Roosevelt, 1933~1945) 정부의 뉴딜(New Deal)정책은 정부의 대규모 재정투자 정책 실시로 경제회복에 성공하였다. 1950년, 1960년대까지 케인즈 경제의 전성시대를 이루어 한국대학의 경제학 교실에서도 케인즈 경제가 금과옥조(金科玉條)처럼 통하였다. 영국에서는 이러한 경제이론의 새로운 흐름을 '뉴 리버럴리즘(New Liberalism)'이라 하였고 미국에서는 그냥 자유주의(Liberalism)라고 불렀는데 미국의 국제적 영향력 증대로 후자(자유주의)가 보편화되었다.[246]

최근의 신자유주의는 영어로 'Neoliberalism'라 표기한다. 1970년대 불어닥친 석유파동으로 장기실업, 물가상승 등 스태그플레이션(Stagflation: stagnation & inflation의 합성어, 경기가 침체되는데도 물가가 오르는

---

246) 이명남, 『정치이데올로기의 주체적 해명』, p.89.

현상) 현상이 발생하였다. 영국에서는 이미 자유시장제가 실시되었고 독일, 오스트리아 등에서는 아직 국가 간섭주의가 지배하고 있어서 그 폐단을 시정하고자 자유시장 옹호론이 등장하였다. 먼저 미제스(Ludwig von Mises), 하이에크(Friedrich A. von Hayek, 1973년 노벨 경제학상 수상)가 앞장섰으며 현대의 대변자로는 시카고학파의 프리드먼(Milton Friedman, 1976년 노벨 경제학상 수상), 뷰캐넌(Frank H. Buchanan)을 들 수 있다.[247]

시카고학파는 케인즈 정책의 정부개입주의 부작용으로 초래한 스태그플레이션의 폐해를 극복하기 위하여 통화주의(Monetarism)적 시장해법(Market solution)을 모색하였다. 통화주의는 화폐공급량에 의하여 물가가 결정된다는 것을 전제로 통화공급의 통제와 공공지출의 억제를 통한 균형예산의 실현을 기대한다. 이는 19세기 고전적 자유주의가 신자유주의라는 이름으로 부활한 것이라고 본다.[248]

신자유주의의 입장에서 볼 때 국가의 개입과 복지주의는 개인의 독립성, 창의성, 모험성을 잠식시켜 마침내 인간을 새로운 노예로 만든다는 것이다. 즉, 하이에크의『노예의 길』(1944)은 '모든 계획은 전체주의로 귀결된다'고 하였으며 그의 마지막 저서『치명적 자만: 사회주의의 오류』(1988)에서 '인간 이성은 본질적으로 불완전하다. 이런 인간이 완벽한 계획을 세울 수 없다. 인위적으로 사회경제를 조종하려는 것은 이성의 남용이다'라고 하여 사회주의 계획 경제를 비판하였다.[249]

---

247) 위의 책, p.89.
248) 위의 책, p.91. 강준만,『나의 정치학 사전』(서울, 인물과 사상사, 2005), pp.536~537.
249) 이명남, 앞의 책, p.91.

영국 마가렛 대처 총리의 대처리즘(Thatcherism, 1979~1990년 집권)과 미국 레이건 대통령의 레이거노믹스(Reaganomics, 1981~1989년 집권) 정책은 바로 이러한 신자유주에 근거를 두고 있다.

그동안 영국 노동당 정부에서 비대해진 국영기업은 비효율적 운영 및 경쟁력 약화로 생산력이 크게 저하되었다. 대처 정부는 민영화와 복지예산 축소, 통화주의에 입각한 경제개혁으로 시장의 자율적 발전을 기대하였다. 한편 레이건 행정부의 미국은 이미 민영화가 이루어졌기 때문에 공급측면의 경제에 중점을 두었다. 레이건 정부는 대폭적인 사회복지비용의 삭감, 세율인하 등으로 투자를 촉발하여 실업을 줄인 대신 더 많은 세금을 거두어 국방비 증가와 연방정부 적자의 보충을 메우고자 하였다.[250]

우리나라에서 신자유주의는 김대중 정부(1998~2002)에서 실시하였다. 김대중 정부에 대한 평가를 요약하면 다음과 같다.

① 김대중 대통령은 취임 초 '민주주의적이고 자율적인 시장경제'를 내세웠다. 실제를 보면 대기업에 대한 구조조정을 직접적으로 강제하였으며 이는 금융통제와 공적 자금의 지원형식을 띤 강력한 통제였다.

② 주요 국영기업의 민영화 및 해외매각은 기업의 경쟁력을 강화하기보다는 국부를 해외에 유출하는 부정적 효과를 가져다주었다. 외국자본이나 그 투기에 한국경제가 좌우되어 IMF 위기가 항상 존재하는 경제체질을 만들고 있다는 우려를 불식시키지

---

250) 강준만, 앞의 책, p.537.

못하였다.

③ 김대중 정부는 '경제의 자유화'와 '시장경제'를 표방하였다. 하
지만 실제로는 각종 벤처나 중소기업을 육성한다는 명목으로
관치금융을 부활시켰다. 시중은행의 부실한 재정구조를 바로잡
기 위하여 대규모 정부의 공적 자금을 투입함에 따라 정부가 시
중은행의 대주주가 되었고 은행의 경영진들은 정부의 영향하에
종속되었다.[251]

진보적 지식층과 노동계에서는 신자유주의를 '악령이다, 새로운
수탈과 억압이다, 착취와 유린의 논리다(강내희) 혹은 초국적 자본의
정부다, 제2의 이완용 정부다(손호철 교수)' 등으로 악평한 바 있다.[252]

국제질서에서 이상주의와 현실주의

20세기 국제정치의 전통적 패러다임으로 이상주의와 현실주의가
있다.

카(E. H. Carr)는 『위기의 20년』(*The 20years' Crisis*, 1919)에서 '이상주
의'란 18세기의 계몽적 낙관주의, 19세기의 자유주의, 20세기 윌슨
(Woodrow Wilson, 미국 28대 대통령, 재임 1913~1921)의 이상주의에
근거를 두고 있다고 하였다.[253] 이상주의자들은 국제여론에 대한 세

---

251) 김용욱, 『한국정치』(익산, 원광대학교 출판부, 2002), pp.447~449.

252) 강준만, 앞의 책, pp.542~543.

253) E. H. Carr, *The 20years' Crisis, 1919~1939* (London Macmillan & Co. 1949), p.1.

계지도자들의 선의를 신뢰하고, 각 국가들의 정당한 권리와 의무, 국제평화 유지를 위한 조정자로서 국제이익의 자연적 조화 등에 높은 기대를 걸고 있었다. 하지만 그는 국가권력의 현실과 중요성을 과소평가하였다. 아직도 국제정치의 현실은 국가의 힘이 준거가 되고 있으며 대외정책도 마찬가지라고 본다. 현실주의는 한스 모겐소(Hans J. Morgenthau)를 비롯한 슈만(Frederick L. Schuman) 등이 손꼽히고 있다. 이들은 국제정치의 지배적인 속성은 당연히 '힘으로 정의되는 국가와 각 국가가 자국의 이익을 추구하는 권력 정치'라는 전제하에 출발한다. 현실주의는 국제체계의 조직, 운영 등에서 국가안보와 군사적 우월성을 가장 중요시한다. 국제정치에 있어서 현실주의는 일본의 만주침공과 제2차 세계대전 등 세계전쟁의 소용돌이 속에서 강한 설득력을 갖게 되었다.[254)

신현실주의와 신자유주의

1970년 말에 들어서서 현실주의적 국가안보의 적실성을 인정하면서도 국제체제의 구조를 강조하는 새로운 주장이 등장하였다. 이를 신현실주의라 하는데 이는 월츠(Kenneth N. Waltz)에 의하여 체계화되었다.

신현실주의에 의하면 국가의 행위는 국가의 가치관, 정부형태, 국내적 상황 등 요인보다는 국가 간 상대적 힘의 균형, 즉 국제체계의

---

254) 김재영 외, 『정치학의 이해』(서울, 삼우사, 2010), pp.497~498.

구조에 의하여 결정된다. 왈츠는 국제정치의 구조상 양극체제(예로 미국과 중국 등)가 국제안정을 제공하고 평화안정에 도움이 된다고 한다. 하지만 냉전이 종식된 현재의 상황에서 세계 정치구조는 다극 체제로 이행하고 있음을 주목할 필요가 있다.[255]

국제정치에서 신자유주의는 1980년대 이후 국가 간 상호의존의 긴밀화와 미·러 간 군축문제의 협력 등 국제정치의 변화에 따라 등장하였다. 그동안 이상주의는 경제적 자유주의 경향에 따라 국제적 자유주의로 발전하고 이는 국가 간 협력과 국제제도의 중요성을 강조하는 신자유주의적 제도주의로 발전하였다.

코헨(Robert Keohane)과 액설로드(Robert Axelrod)로 대표되는 신자유주의는 국가들은 절대적인 이익을 추구하는 합리적인 행위자이고 무정부성에서 오는 안보위협이 국가 간 협력을 저해할 정도로 크지 않다고 본다. 다시 말하여 국가들은 절대적 이익을 추구하기 때문에 서로 협력할 수 있고 그 결과물인 국제제도는 각 국가에 영향을 미칠 수 있다고 본다. 이들은 상호이익이라는 전제를 단순히 무역이나 경제발전에 국한하지 않는다. 신자유주의자들은 냉전 후 국가들이 안고 있는 테러의 위협, 대량살상 무기의 확산, 기타 국내외 안보를 위협하는 갈등의 심화 등 새로운 안보문제 등에 관심을 갖고 있다.

---

255) 조순구, 『국제관계론』, 법문사, 2009, p.42.

제11장

우리 사회의 정의이야기

우리는 그동안 가난을 극복하고 세계 10위권의 경제대국으로 성장하였다. 유엔 사무총장의 나라요, G20 의장국이 되었다. 또한 남의 도움을 받는 나라에서 남을 도와주는 나라로 활동하고 있다. 자유와 복지를 누리는 국가 그리고 이에 걸맞은 훌륭한 시민의식을 가진 국민, 모두가 더불어 잘사는 국가가 되겠다는 가슴 벅찬 기대를 갖고 있다. 우리의 목표와 과정, 결과가 삼위일체로 균형 발전하는 것이 바로 우리의 정의사회를 실현하는 길이라고 생각한다.

목적과 수단, 결과와 동기의 문제

　아무리 목적이 정의롭다 해도 그 목적가치가 수단까지도 정당화할 수는 없다. 대개는 자신의 이익을 위하여 목적을 차용하는 경우가 많고 수단에 너무 집착하다 보면 결국 당초의 목적은 소멸하여버린다. 이에 관하여 우리나라 어느 유명한 진보정치인은 다음과 같이 썼다.

　"진보주의는 신념윤리라는 목적가치에 기반을 둔다. 그들에게는 결과보다는 동기가 중요하다. 결과가 아니라 동기가 의미를 가지는 칸트의 도덕법이다. 이러한 도덕법을 따르는 진보주의자가 지식인으로 활동할 때는 큰 문제가 없다. 이들이 정치에 뛰어들어 국가권력과 관계를 맺으려 할 경우 심각한 문제가 발생한다. 그들에게는 오로지 동기가 중요할 뿐 결과에 대하여는 책임지려는 의식이 없기 때문이다. 책임윤리의 부재가 빚어낸 정치적 비극은 무수히 많다. 우리가 아는 가장 극단적인 사례는 한국전쟁이다. 김일성과 그의 이른바 '혁명동지들'은 국가권력을 장악하고 있으면서도 신념윤리가처럼 행동하여 500만의 무고한 생명을 희생시켰다. 정치가의 행동에서 궁극적 목적윤리는 비록 그 동기의 순수성을 인정한다 해도 종교적 계시나 천년왕국의 예언처럼 비현실적 행동으로 전락한다. 목적이 수단을 정당화하여 결국 가장 비극적인 행동으로 나타나게 된다. 신념윤리를 지키면서도 결과에 책임을 지는 정치, 그것은 말처럼 쉽지 않다"[256)]라고 하였다.

정치적 자아와 권리의무론

우리나라에 민주주의의 뿌리를 내리게 된 역사는 극히 일천하다. 비록 짧은 기간이지만 우리 국민들은 그동안 전쟁과 혁명, 근대화와 경제발전을 이룩하면서 축적한 에너지로 자유와 민주화 및 정의의 차원에서도 선진국 수준에 이르렀다고 자평(自評)한다. 다만 아직도 민주적 시민의식이 우리 사회의 전통에 체질화되지 못하고 있으며 지금 우리 사회 도처에 지난 시대의 잘못된 타성이 잔존하여 갈등, 대립이 증폭되고 사회가 혼돈을 거듭하고 있음은 부정할 수 없는 현실이다.

개인의 자유와 권리는 그에 따르는 철저한 책임의식과 의무이행이 병행해야 하고 이른바 선량한 민주시민(Good citizen)으로서 공적 아이덴티티(Identity)가 뒷받침되어야 한다. 우리가 바라는 정의와 공동선(共同善)을 실현하기 위하여 우리는 필시 더 넓고 더 신중한 지혜가

---

256) 유시민, 『국가란 무엇인가』(파주, 돌베개, 2011), pp.260~262.

필요하다고 본다.

자유와 복지, 공동체적 선(善)의 문제

정의의 문제는 소유와 분배, 복지문제 등 외에도 '요람에서 무덤까지' 우리의 생활 전반에 걸쳐 있다. 나아가 출생 이전의 문제, 즉 임신중절이나 피임기구, 대리모, 강제불임, 성 감별, 정자은행, 배아 줄기세포뿐만 아니라 동성애, 간통죄, 성매매 등 개인 사생활의 깊은 곳까지 관련되어 있다.

그동안 미국 사상에서 롤스적 자유주의는 복지를 옹호하고 평등을 중요시한 점에서 민주당에 가깝다는 평을 듣고 있다. 롤스는 가난한 자들을 위한 복지를 확대하고 부유한 자나 기업에게 많은 소득세, 법인세를 부과해야 한다고 주장한다. 따라서 시장을 통제하고 기업의 경제활동의 자유를 규제하는 것은 부득이하다는 입장이다.

한편 노직 등 자유지상주의는 정치적 자유뿐 아니라 기업의 자유로운 시장경제 활동을 중요시한 입장으로 공화당에 가깝다. 이들은 기업활동의 자유를 중시하여 과중한 과세나 규제에 대하여 비판적인 입장이다. 샌델에 의하면 도덕적 가치나 선은 결코 '원자적 개인'이 독점하거나 결정할 수 없다. 그것은 자기와 타인이 공유하는 것이며 공동체에서 결정하는 것이다. 샌델은 개인의 자유나 권리를 존중하면서도 공동체와 공동선을 더욱 중시한다. 공동체의 공동선은 개인의 자유와 권리에 대한 의무가 아니다. 그것은 자기와 타자에게 공통적

으로 '좋은 것(선)'으로 인간이 도덕적으로 추구해야 할 목적이라고
하였다.[257]

현재의 상황에서 우리는 4·11 총선을 전후하여 복지논쟁이 가열
되고 있는 형편에 있다. 그러나 자유, 복지, 공동선 중 어느 한쪽도 소
홀히 할 수는 없다. 정의실현의 문제는 가치논쟁의 차원을 넘어서서
무엇보다도 시대와 상황에 맞는 대안을 마련하고 이를 실현하기 위
한 지혜로운 자세가 요구된다.

｜ '자본주의 4.0'의 시대

어떤 논리나 이념도 시대와 상황적 한계를 극복할 수는 없다. 우리
가 아무리 완벽한 '정의론'을 주장해도 그것은 우리가 처한 상황조건
을 고려해야 하고 공동체 구성원의 합의를 전제로 정당화될 수 있다.

정부는 최근 회자되고 있는 '자본주의 4.0'의 이론에 공감하고 '친
서민 정책'의 기치를 내걸었다. 2011년에는 '공정한 사회와 동반성장'
그리고 금년에 '공생발전'의 입장을 제시한 바 있다.

'자본주의 4.0(Capitalism 4.0)'은 아나톨 칼레츠키(Anatole Kaletsky,
1952년 모스크바 출생, 미국 Harvard 대학)의 주장으로 지난 (2012) 3
월 7일 막을 내린 '제3회 아시안 리더십 컨퍼런스'에서 논의된 주제
이기도 하다. 칼레츠키는 신자유주의에 대체하는 패러다임으로 '자본
주의 4.0'을 제시하였다.

___

257) 고바야시 마사야 홍성만 양해윤 역 앞의 책, p.383.

그의 저작에는 각 분야 사회적 서비스(사회, 교육, 의료, 주택 등)에 대한 기업의 역할 확대와 사회적 책임을 중시하는 내용이 들어 있다. 이 내용들은 특히 우리나라에서 그 실천 가능성이 크다고 주장한다.

이 모임에서는 '부자가 더 많은 세금을 내야 한다'는 미국 라이스(전 미국 노동부 장관)의 주장과 '작은 정부론'을 주장한 칼레츠키의 주장이 압도적인 지지를 받았다. 사실 '부자증세'와 '작은 정부론'은 서로 반대되는 주장이다. 이번 컨퍼런스에서 제시한 칼레츠키의 주장 중에 다음과 같은 내용들이 있어 주목된다.

그는 "유럽 연금제도와 같은 비대한 복지제도는 암과 같이 확대되어 결국 정부의 발목을 잡게 된다. 또 부자증세가 과연 재정적자와 같은 문제를 해결할 수 있는 것인가 등 그 근본부터 따져보아야 한다"258)라고 하였다.

지금 우리 사회는 부의 양극화와 계층 간 격차의 증대로 사회불안이 증폭되고 있다. 때마침 총선을 치르면서 대기업의 비대화와 비윤리적 행태, 집권층의 부패와 비리, 정치에 대한 불신이 결국 정당정치의 불신으로 이어지고 있다. 선거에 임한 정치권에서는 득표 전략으로 복지에 대한 과열경쟁으로 나라의 재정이 위험할 상황이라는 비판이 제기되고 있다. 국민의 복지수요는 계속하여 증대하고 그 욕구도 다양하다.

만일 정치권의 공약대로 복지가 실행된다면 그에 해당하는 엄청난 예산을 어떻게 확보할 수 있을 것이며, 노력하지 않고 '공짜 복지'의 혜택으로 살아가는 무임승차자들로 가득한 이 나라의 운명이 과연

---

258) 조선일보, 2012년 3월 8일(목), 1면.

어떻게 될 것인지 우려가 크다는 비판이 제기되고 있다.

우리 사회의 현실

인류의 역사가 발달한 이래 수천 년의 세월이 흐르고 세상이 바뀌었어도 사람들의 마음은 크게 달라진 것이 없는 것인가? 아직도 세계 도처에서 전쟁과 테러가 그치지 않고 국가 간 힘의 대결은 계속 증폭되고 있다. 잔혹한 응보와 테러, 학살과 고문이 세계 곳곳에서 자행되고 있으며 나라마다 핵실험에 혈안이 되고 있다. 남북이 대치하고 있는 우리의 상황에서도 이러한 위협은 예외가 아니다.

우리들에게 서로 믿고 배려하고 용서하고, 봉사하자는 이야기는 남의 일처럼 들린다. 서로가 신뢰하고 조화를 이루어 협력하는 자세가 너무 아쉽다. 우선 우리가 당면한 과제로 떠오르고 있는 '자본주의 4.0의 시대'와 '국민복지'를 추진하기 위한 상황조건으로 우리 문화의 특성을 간단히 살펴보자.

유교적 전통

우리의 생각과 믿음 속에는 아직도 고래의 유교적 전통이 그 기본을 이루고 있다. 공자에 있어서 인(仁)은 인간행동의 보편적 실천원리로 그의 『논어』에 자주 인용되고 있다. 인간이 사회생활을 영위하는 데 있어서 결코 고립해서 살 수 없으며 사회적 유대를 이루고 상호 부조하며 살아가는 것은 당연한 이치다. 『논어』에 나오는 인(仁)과 의(義)에 관한 한 두 구절을 소개하면 다음과 같다.

『논어』에 '인자는 어려운 일은 먼저 행하고 이익은 뒤로 하니 이른바 어진 자이니라. 진실로 어진 뜻을 가지고 있으면 나쁜 짓을 못한다. 군자는 의에 밝고 소인은 이에 밝다'259)는 구절이 있다.

맹자는 인의예지(仁義禮智)에 대하여 측은(惻隱: 남과 고통을 같이하는 마음: 남을 사랑하는 마음), 수오(羞惡: 부끄러워하고 미워하는 마음), 사양(辭讓)하는 마음, 시비(是非)를 가리는 마음이라고 풀이하면서 이들을 사단(四端: 네 개의 선한 마음)이라고 하였다.

그동안 우리 사회에서 가장 자주 거론되고 있는 덕목은 『대학』에 나오는 주희의 격치성정 수기치인(格致誠正 修己治人)의 8조목이다. 격물치지(格物致知)로 자연의 이치를 터득하고 성의, 정심, 수신(誠意, 正心, 修己)로 인간의 도리를 닦는다. 그리고 제가치국평천하(齊家 治國平天下)는 사회질서에 순응한다는 뜻을 담고 있다. 앞에서 소개한 바와 같이 주희는 격물치지를 터득해야만 그 이하의 덕목을 실천할 수 있다고 하였다.

퇴계는 수신, 제가(修身, 齊家)에 역점을 두었고, 율곡은 '격물치지'의 학술보다는 수기치인(修己治人)의 실천행동을 강조하였다. 결국 당시 유학자들이 가장 중요시해왔던 우리 고유의 미덕은 수기치인(修己治人)이요, 그중에서도 특히 효(孝)가 으뜸 덕목이었다.

---

259) 『논어』, 인자 선난이후획 가위인의(仁者 先難而後獲 可謂仁矣), 순지어인의 무악야(苟志於仁矣 無惡也), 군자유어의 소인유어리(君子喻於義 小人喻於利).

효의 문화

그동안 우리 역사에서 부모에 대한 효도는 백행(百行)의 근본이요, 가장 최고의 선(善)으로 존숭되어왔다. 예를 들어 우리가 잘 알고 있는 삼강오륜(三綱五倫)이나 신라시대의 세속오계(世俗五戒), 조선조 세종대의 『삼강행실도』 등 도처에 나타나 있다.

『효경』을 보면 효에 관하여 '나의 신체, 머리털과 피부는 부모로부터 받은 것이니 건강에 각별히 유념하여 감히 훼손치 않는 것이 효의 시작이요, 열심히 공부하고 올바른 길을 지켜서 후세에 이름을 떨쳐 부모님을 드러내게 하는 것이 효의 끝, 즉 궁극적 목적이다'[260]라고 하는 어구가 있다. 당시 사람들은 서당에서 이 구절을 귀가 아프도록 듣고 외웠다. 또 1990년대까지도 초등학교 6학년 교과서를 보면 '열심히 공부하여 훌륭한 사람이 되어 부모님께 효도하라'는 글이 있었다.

유교적 전통에서 효도는 절대적 도덕규범으로 가끔씩 충(忠)보다도 더 소중하였다. 특히 우리 문화의 근간을 이루고 있는 무속적 민간신앙에서 부모는 서양의 신과 같은 존재로 신앙되고 있다.

전통의 농촌사회에서 부모는 그 자녀들의 생활을 보살피는 전방위적 보호자로서 평생 동안 자녀들의 행태에 영향을 미쳤다. 또한 해방과 전쟁, 그리고 1960~1970년대의 가난과 절망을 겪는 동안 우리네 부모들은 그들의 모든 것을 희생하여 자녀들의 생계와 교육을 위하여 노력해왔다.

---

260) 『효경』, 신체발부 수지부모 불감훼상 효지시야 입신행도 양명어후세 이현부모 효지종야(身體髮膚 受之父母 不敢毁傷 孝之始也, 立身行道 揚名於後世 以顯父母 孝之終也).

연고적 자아와 지역감정

우리 문화에서 가족주의의 확대현상으로 지역주의 의식은 특히 선거가 과열화되면서 민족감정을 분열시키고 망국적인 지역감정을 계속하여 재생산하고 있다. 이에 대하여 조기숙 교수는 "대통령이 자기 지역 챙기기와 자기 사람 쓰기를 계속하는 한 지역주의 투표는 사라지지 않을 것이다. 또한 정당이 새로운 정책적 대안을 제시하지 않고 낡은 지역주의 전략에 집착하면 유권자는 앞으로도 지역주의의 틀을 벗어나지 못할 것이다"[261]라고 하였다.

가족주의 의식과 무지의 베일

우리의 문화적 전통과 실제 생활에서 보면 유난히 가족주의 의식이 강하다. 우리 속담에 '피는 물보다 진하다' 혹은 '팔은 안으로 굽는다'는 말이 있다. 이는 우리 문화에서 가족의 인연은 이미 탄생 이전부터 시작되었음을 말해준다. 따라서 우리의 경우 서양의 사회계약론이나 롤스의 이른바 '무지의 베일 혹은 무연고적 자아'와는 관련이 없는 개념이다.

우리의 가족주의 의식은 앞서 『효경』에 나온 말대로 '열심히 노력하여 돈 벌고 출세하여 부모에게 효도한다'는 지극히 소박한 기대를 지향하고 있다. 정부는 이에 상응하여 '근면, 자조, 협동'이란 목표를

---

261) 조기숙, 『지역주의 선거와 합리적 유권자』, 나남, 2000, 강준만, 『나의 정치학사전』, p.408.

제시하고 새마을운동을 일으켰다. 1970년대는 사실상 소득증대 혹은 경제발전이라는 공리주의적 목표지향성을 내걸었던 시대였다.

근대화 과정에서 이른바 '한강의 기적'을 성취하였던 우리 국민의 저력은 높이 평가할 만하다. 하지만 이러한 기적적인 성장의 이면에는 대개 출세영달의 강한 의지가 작용하였고 그 결과 빈부격차와 황금만능의 부패, 타락의 풍토 등 부작용이 뒤따랐다. 따라서 우리의 상황에서 사회적 연대와 책임의식, 조화와 협력에 의한 공동체 건설의 정신이 충분히 성숙하지 못하고 있음은 부득이하다. 앞으로 우리에게 필요한 덕목은 무엇보다 우리의 고질적 전통인 자기중심적 이기심과 부패타락, 가족주의 전통에 근거한 차별적 감정 혹은 지역감정을 극복하는 일이라고 본다.

정보사회의 신화

오늘날 지구촌 사회는 첨단기술과 산업의 발달에 힘입어 하나의 세계로 연결되어 있다고 해도 과언이 아니다. 하지만 사람들의 마음은 그 수만큼이나 각기 다르다. 그 주된 요인은 디지털 혁명이다. 디지털은 수많은 혁명을 제공하고 생각지도 못했던 엄청난 변화를 우리 마음속에 심어주고 있다. 인터넷, 스마트폰을 사용하여 우리는 언제나 필요한 정보를 얻을 수 있으며 마음에 드는 기사를 노골적으로 지지, 반대할 수도 있다. 이토록 노도처럼 밀려오는 정보의 홍수 속에 사람들의 마음에도 근본적인 변화가 일어나고 있다. 이제 하나의 사

실에 대한 생각과 의견의 차이 정도를 넘어서서 사실 자체가 헷갈리고 있다.[262)]

언론의 영역을 보면 과거 어느 때보다도 진실을 왜곡하고 부풀리고 날조하여 널리 퍼뜨릴 수 있는 효과적인 기술을 갖고 있다. 기왕의 대형 언론매체들은 직관력을 잃고 입을 다물고 있는 때가 많다. 대신 사람들 손에는 수많은 통신채널이 펼쳐져 있다. 문자, 이미지, 소리를 디지털로 기록, 배포하는 정보네트워크 기술의 발달로 우리는 각자 선택한 매체들을 제작, 배포, 편집하는 역할을 수행할 수 있다.

휴대전화 카메라로 사진을 찍어 기사를 만들고 소셜 네트워크 서비스에 올려 의견을 나눈다. 또한 트위터, 페이스북 등을 통하여 선택한 정보를 소비할 수 있게 되었다.[263)]

이제 우리는 '무엇을 해야 하는가?'의 문제도 중요하지만 '도대체 무슨 일이 어떻게 일어나고 있는가?' 그 사실들을 좀 더 깊이 헤아리는 지혜가 필요하다. 사실의 진위를 정확하게 인지하고 편향성과 오류를 바로잡는 일 등이 선행되어야 한다는 주장이 제기되고 있는 실정이다.[264)]

신뢰의 문제

그동안 우리는 복지보다 더욱 심각한 문제로 사회 도처에 퍼져가

---

262) 파하드 만주 지음, 권혜정 역, 『이기적인 진실』(서울, 비즈앤비즈, 2011), pp.7~8.
263) 위의 책, pp.17~18 참조.
264) 위의 책, p.8 참조.

고 있는 신뢰의 위기를 무관심해왔다. 신뢰를 상실한 공동체는 상호 공존의 유대를 기대할 수 없고, 공동체의 유대를 상실한 시장은 복지의 재생산을 계속할 동력을 잃게 될 것이다. 지금 우리나라의 상황을 보면 가정과 학교, 기타 교육기관에서 가르치는 도덕적 가치와 선(善)에 관한 내용은 형식에 불과하다. 또한 각 분야 직장과 생산유통의 현장, 특히 정치지도자들까지도 극한적인 주장과 투쟁으로 갈등, 대립을 거듭하고 있을 뿐이다.

필자는 요즘 시내 주변의 야산(공원)에 등산(산책)을 자주 나간다. 산 입구에서 약 1km쯤 들어가면 약수터가 있다. 수년 전 자치단체에서 그곳에 큰 예산을 들여 샘물을 정리하고 휴식공간을 설치하였다. 물을 마시는 표주박을 걸어놓고 그 위에 수질검사 결과표를 고시해 놓았다. 그 후 수질이 악화되어 수질검사표 하단에는 '음료 부적합'이란 붉은색 글자가 계속 나타나고 약수터 주변에는 오물이 쌓여 악취가 나기 시작하였다. 하지만 사람들은 오염이나 오물에 대하여 별로 관심이 없어 보였다. 열을 서서 물을 마시고 혹은 여러 개의 페트병에 물을 담아 힘겹게 짊어지고 간다. 표주박 물을 애완견 입에 넣어주는 사람도 있고 그곳에서 세수도 한다. 나는 몇 년 동안 쓰레기를 줍고 음료 부적합의 이유를 틈 있을 때마다 설명하였다. 또 개를 끌고 다니는 분들에게 지켜야 할 산행규칙을 누누이 설명하였다. 물론 아무런 효과를 얻지 못하였다. 그들의 대화는 대개 다음과 같다.

① 약수에 관하여
'물맛이 꿀맛이다.'
'수돗물보다 훨씬 깨끗하다.'

'공무원들이 나쁘다.'

'시청에서 수돗물 팔아먹으려고 속임수를 쓰고 있다. 도대체 등산객들이 마시는 물을 왜 못 마시게 하는 거야. 아무런 대책도 없이 수질검사표만 써 붙이면 되는 거냐. 공무원들 하는 짓이 이 모양이니 나라가 잘되겠는가.'

'우리가 직접 눈으로 확인하고 마신다. 이곳 사방을 둘러보아도 오염지역이 없지 않느냐.'

'마시면 소화되기는 마찬가지다. 일단 몸속에 들어가면 대장균도 세균도 죽어버리겠지.'

'지금까지 20년을 마셔도 탈이 없다.'

'예전에는 개울물도 마시고 구정물도 마시지 않았나' 하면서 심지어 어린아이들에게도 '걱정 말고 마셔라. 내가 책임진다' 하면서 마치 주먹이라도 휘두를 것 같은 기세로 열을 낸다.

② 애완견에 관하여

'우리 강아지는 절대 밖에서 변을 본 일이 없으며 남을 해치지 않아요.'

'저 아이(개)는 우리 집 아들(딸)이에요. 할아버지는 그 애(개)가 불쌍하지도 않아요? 그럼 온종일 방에 가두고 키우란 말이에요?'

'모처럼 가족(개)과 함께 산책 나왔는데 내가 무슨 잘못이 있다구요' 한다.

동물을 사랑하는 태도는 가상하지만 동물애호가는 공중도덕도 더 철저히 지킬 줄 알아야 한다. 요즘도 산길을 걷자면 애완견들의 배설물이 자주 눈에 띈다.

이들 대화내용과 행태를 분석하면 다음 요인들을 추출할 수 있다.

첫째, 우리 국민 사이에 공직자에 대한 불신이 얼마나 심각한 것인 지를 짐작할 수 있다. 비만 내려도 그것이 오직 공무원의 부패 탓이라고 불평하던 1960년대 월남 정부의 말로(末路)가 생각난다.

둘째, 사람들의 생각과 판단이 단지 자기중심적 편견에 갇혀서 우물 밖에 존재하는 객관적 사실을 외면하고 있다는 생각이 든다. 이런 풍토에서는 대화와 소통이 어렵고 상대방에 대한 배려나 사회적 봉사를 기대할 수 없게 된다.

셋째, 공인된 국가기관의 객관적인 조사결과를 믿지 않는다. 마시는 물은 자신과 가족의 건강에 직결된다. 그럼에도 시(市) 상수도사업소가 게시한 자료를 무시하고 자신의 기준에 따라 물을 마신다. 나는 대개 눈치를 보아 설득이 가능한 사람을 골라 대화를 시작한다. 약수가 나오는 곳에 들쥐가 들락거리고 흔히 개구리나 뱀, 두꺼비 등 파충류가 물속에 방류한 배설물 중 인체에 해로운 기생충이 있을 수 있다는 설명을 한다. 하지만 내 말을 귀담아 듣는 사람은 거의 없다. 또시 당국에도 수질검사를 자주 실시하고 검사표를 크게 복사하여 게시해줄 것을 요구하였다. 역시 거절당하고 지금 6개월이 지나도 수질검사표가 나붙지 않고 있다. 그 이유는 예산이 부족하다는 것이다. 넷째, 상대방을 배려하고 공동체를 위한 봉사정신이 없다. 가령 애완견은 자신의 아이처럼 사랑하면서도 타인(他人)에 대한 고려는 전혀 하지 않는다. 공원이 쓰레기로 몸살을 앓고 있고 복지시설이 혐오시설이 되어가고 있는데도 관리자도 이용자도 아무 관심이 없다.

정의실현의 모델-격물치지 수기치인

사람이 세상을 살아가자면 목적과 수단도 중요하지만 이를 실천하기 위한 지혜가 더욱 중요하다. 우리는 평생 배우며 살아간다. 아무리 완벽하게 살려고 해도 모르는 것이 너무 많다.

공자는 '학문만 있고 생각이 없으면 기망하는 것이고 생각이 학문에 앞서면 위태롭다'[265] 하였거니와 우리는 정녕 항상 배우고 깊이 널리 생각하며 살아야 한다. 이 문제에 관하여 앞서 설명한 주희의 8조목이 좋은 모델이 된다고 생각한다.

격물치지 성의정심수신 제가치국평천하(格物致知 誠意正心修身 齊家治國平天下)를 현대적으로 풀이하면 1. 사물의 올바른 이해, 2. 올곧은 인격과 자제심(더불어 사는 지혜), 3. 공동체 건설의 방향 등으로 나누어 설명할 수 있다. 앞에서 서술한 바와 같이 주희는 격치(格致)를 우선시하였고 이황은 수기(修己)를 그리고 이이(李珥)는 수기, 치인에 초점을 두었다. 이 책에서 '더불어 사는 지혜'란 격치와 수기, 치인을 함께 고려해야 할 덕목이라고 생각한다. 이 중 어떤 것도 한쪽에만 치우치면 공동체의 선을 실현하는 데 별로 큰 도움이 되지 않기 때문이다.

현상의 객관적 인식

격치(格致: 格物致知)에 관하여 격(格)이란 바로잡는다(格者正也)는 뜻

이고, 물(物)이란 사(事, Affairs)를 뜻한다(物者事也).[266] 그리고 치지(致知)는 지식을 넓힌다는 뜻인바 열린 지식, 넓고 깊고 미래지향적 지식의 탐구라 할 것이다.

우리 속담에 '선무당이 사람 죽인다, 반풍수 집안 망친다, 반식자우환(半識者憂患)'이란 말이 있듯이 잘 알지도 못하면서 아는 체하다가 아주 일을 망치는 경우가 있다. 이 세상에 완벽한 존재란 아무 곳에도 없다. 완벽한 이론이나 사상도 없고 인간의 능력으로는 어떤 사물이던 극히 일부분만을 알고 있을 뿐이다. 『사서삼경』을 모두 안다고 자부하던 주희라 해도 모르는 것이 있고, 소크라테스의 말처럼 자신이 무식한 존재라는 것을 아는 사람이 가장 유식한 사람이란 말이 옳다. 지식을 팔지 말아야 한다. 많이 알수록 겸손해야 하며 다른 사람의 지식도 존중할 줄 알아야 참 지식인이 될 수 있다. 격물치지(格物致知)란 바로 수기치인(修己治人)의 바탕에서 그 진가를 발휘할 수 있다고 본다.

수기치인-더불어 사는 지혜

수기(修己: 誠意正心 修身)는 치인(治人: 齊家治國平天下)과 같이 고려해야 할 덕목이다. 우리가 이웃과 더불어 살자면 나는 옳게 살아도 다른 사람의 옳지 못한 태도를 받아들여야 하고, 나는 맑고 깨끗해도 불결한 자들과도 어울려 살아야 한다. 나의 언행은 신중해도 언행이

---

266) 王守仁의 해석을 말함. 풍우란(馮友蘭), 앞의 책, p.395.

경솔하고 거친 이웃들을 배려하고 존경하며 살아가는 것이 현대의 미덕이다. 세상에는 나와 같은 생각과 생활습관을 가진 사람들은 소수이며 그렇지 않는 사람들이 대부분이다. 나와 다른 사람들의 가치관, 생활태도를 기꺼이 받아들이고 참고 기다리고 용서하고 사랑하며 살아가는 것이 수기치인의 자세라 생각한다.

우리네 일상생활에서 가장 바람직한 수기치인(修己治人)의 덕목은 '더불어 사는 지혜'를 사회화하는 것이라고 주장한다. 더불어 사는 지혜란 상호소통과 배려, 나눔의 즐거움과 사회적 봉사의 보람을 '요람에서 무덤까지' 배우고 실천하는 것이다. 개인의 권리 의무로서의 정의, 경제적 공리성과 복지, 미덕으로서의 정의란 결국 사회구성원들이 더불어 사는 공존의 틀 속에서 이루어지는 것이며 그곳에서 우리의 진정한 행복을 찾을 수 있다. 정의란 응보, 힘, 싸움이 아닌 용서와 설득, 사랑과 봉사, 더불어 사는 지혜로 풀어나갈 수 있는 덕목이라고 본다.

비록 약수터 사람들의 생각과 가치의식은 서로 다르지만 이들은 우리의 소중한 이웃이다. 이들 의론(議論)은 오히려 사회의 공론을 활성화하고 체제의 갈등극복 능력을 제고하는 동력이 될 수 있다. 다만 우리 사회의 고질적인 폐습으로 아직도 기승을 부리고 있는 ① 지도층의 부패 타락, 기업의 독점과 비리, ② 폭력과 테러, 독선과 폐쇄적 교조성, ③ 지역감정 등은 공동체의 규준을 무너뜨리는 가장 무서운 해악(害惡)이다. 그중에서도 특히 지도층의 부패는 나라의 근본을 뒤흔드는 범죄로 하루속히 극복되어야 한다고 생각한다.

정의실현의 방안

앞에서 살펴본 바와 같이 정의란 자유와 복지, 권리의무와 도덕적 선 등 모두 어느 한쪽도 소홀히 할 수 없는 담론들이다. 이 책에서는 정의에 관하여 특히 도덕적 선이나 미덕의 차원에서 '더불어 사는 공동체 의식'에 초점을 두고 다음과 같은 방안을 제시한다.

첫째, 더불어 사는 지혜로서 공존의식 실천의 교육과 운동에 관한 구체적이고 실천 가능한 연구가 선행되어야 한다.

둘째, 사회화 매체로서 가정, 학교, 기타 사회 각급의 조직과 성인 교육기관에서 이를 교육프로그램으로 작성하여 실시해야 한다.

셋째, 기왕에 실시하던 국민운동을 보다 대승적인 차원의 시민행동으로 발전시켜 각 분야 시민단체가 적극 참여할 수 있는 방향으로 전개해야 한다. 특히 우리 사회의 공중도덕이나 환경운동은 관광차원에서도 필수적이라고 본다.

사항(事項)

김재영

서울대학교 정치학과 졸업
미국 피츠버그대학교 수학(풀브라이트 장학생)
한국외국어대학교 대학원 수료(정치학 박사)
전북대학교 정치외교학과 교수·학과장·대학원 주임교수, 사회과학대학 학장·행정대학원 원장
한국정치학회 부회장, 한국동양정치사상사학회 부회장, 한국정치정보학회 회장 역임
현) 전북대학교 명예교수
　　　명예교수회 회장
　　　한국정치정보학회 명예회장

『정치사회화론』,『정치학개론』,『현대정치학』,『정치학의 이해』,『현대 사조의 이해』,『정치변동론(영역)』,『정치문화와 정치사회화』,『환경정치와 환경정책』,『조선의 인물 뒤집어 읽기』,『한국사상 오디세이』,『중종을 움직인 사람들』,『호남의 한』,『한국사상의 맥』,『내가 겪은 현대사 이야기』,『희수일지 1, 2, 3권(비매품)』 외 다수

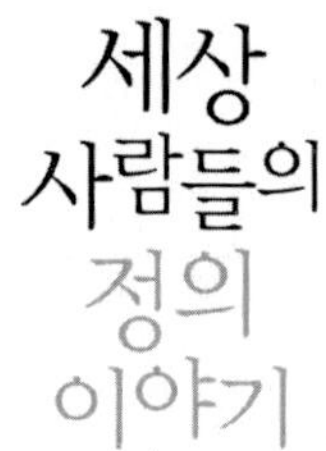

세상
사람들의
정의
이야기

초판인쇄 | 2012년 8월 10일
초판발행 | 2012년 8월 10일

지 은 이 | 김재영
펴 낸 이 | 채종준
펴 낸 곳 | 한국학술정보㈜
주　　소 | 경기도 파주시 문발동 파주출판문화정보산업단지 513-5
전　　화 | 031) 908-3181(대표)
팩　　스 | 031) 908-3189
홈페이지 | http://ebook.kstudy.com
E-mail | 출판사업부　publish@kstudy.com
등　　록 | 제일산-115호(2000. 6. 19)

ISBN　　978-89-268-3597-5 03330 (Paper Book)
　　　　978-89-268-3598-2 05330 (e-Book)

이담 Books 는 한국학술정보(주)의 지식실용서 브랜드입니다.